PEDRO ARBEO

LA SOCIEDAD ECONÓMICA
DE AMIGOS DEL PAÍS DE LIÉBANA
EN EL SIGLO XIX

*Un instrumento económico y político
al servicio exclusivo de intereses personales*

A Marisol y Mauro

INDICE

Las Sociedades Económicas de Amigos del País nacen a finales del siglo XVIII como instituciones ilustradas y reformistas que, impulsadas por el gobierno de Carlos III, pretenden reunir en su seno - en cada provincia y, más tarde, también en cada pueblo de España – a los individuos más emprendedores y empeñados altruistamente en el fomento de la instrucción y la economía - la agricultura y otros *oficios útiles*- para sentar y extender las bases en la necesaria construcción de una España moderna y desarrollada.

Estas Económicas a lo largo del tiempo atraviesan por diferentes etapas de actividad e inactividad, y alcanzan con su actuación un menor o mayor arraigo social que, en muchos casos, lleva a su desaparición o simplemente a mantenerse exclusivamente como custodios de un pasado institucional verdaderamente fructífero para la sociedad española, como sucede en el caso de Sociedad Económica Matritense.

Se ha escrito mucho sobre las Sociedades Económicas de Amigos del País. Los profesores Carande, Anes, Sarrailh, de Demerson, Domínguez Ortiz, y otros muchos posteriormente, se han ocupado con sus investigaciones y publicaciones de estos "cuerpos patrióticos". Y entre los años sesenta y mediados de los años noventa del pasado siglo la bibliografía sobre las Económicas alcanza un volumen considerable y, salvo excepciones, no ha habido institución de la Administración provincial y autonómica que no haya auspiciado la aparición de estudios y monografías referidas a "sus Económicas". Entre las excepciones se encuentra la Sociedad Económica de Amigos del País de Liébana, en Cantabria, de la que poco - casi nada - se conocía.

Sin duda, de no haberse producido en el siglo XVIII el cambio dinástico en España con el acceso de aquellos Borbones y, sobre todo, los planteamientos políticos y económicos reformistas de los reinados de Felipe V y Fernando VI, que culminan con Carlos III, muy probablemente no se hubieran dado las condiciones necesarias - de todo tipo - para el surgimiento de las Sociedades Económicas. A esta situación favorable desde el poder se suma la innegable e importantísima aportación de intelectuales, entre otros - con mayor o menor influencia - como Macanaz, Feijóo, Campillo, Ward, Olavide, Jovellanos y Campomanes.

El nacimiento, auge y caída de las Sociedades Económicas en España – unas notas históricas que interesan los siglos XVIII y XIX - presentan el marco general de estas instituciones en el que se integraba la Sociedad Económica de Amigos del País de Liébana.

Fundamental resulta igualmente el conocimiento del contexto histórico, demográfico, político, económico y social de la comarca de Liébana en el siglo XIX, escenario y objeto principal de su Sociedad Económica de Amigos del País en aquel tiempo, destacando el peculiar sistema de propiedad y arrendamiento de la tierra en Liébana, que juega un determinante papel - más allá de lo puramente económico - en el desarrollo material y bienestar general de la población de esta comarca.

Por supuesto - es el objeto fundamental - con este trabajo se da a conocer y se analiza la Sociedad Económica de Amigos del País de Liébana, en concreto, en lo que interesa al periodo más intenso y controvertido de su historia: el siglo XIX. Su fundación y organización interna; sus socios y el perfil socio-profesional de éstos. Sus proyectos y realizaciones y, en definitiva, su trayectoria entre la acción y la inacción, y el prestigio y el desprestigio, que nos lleva a considerar que la Económica de Liébana - en ese tiempo - fue en gran medida un mero instrumento económico y político al servicio de intereses personales.

La Sociedad Económica de Amigos del País de Liébana se funda en 1.839 y, unas veces a buen paso y las más renqueante o absolutamente parada, finaliza su existencia perdida en las brumas del negro año 1.936.

Valladolid, 2012

PARTE - I

LAS SOCIEDADES ECONOMICAS DE AMIGOS DEL PAIS:
RESUMEN DE ANTECEDENTES POLÍTICOS E INTELECTUALES

Del último Austria al primer Borbón: De Carlos II a Felipe V

Con negativos efectos generales tanto en el orden político como en el orden económico y social, España padece una importante crisis general a lo largo del siglo XVII, que presagia el ocaso del imperio español (1).

En el año 1700, con la muerte del Rey Carlos II -sin sucesor directo pero habiendo designado éste como heredero de la Corona a Felipe de Anjou - , España se convierte en objeto de deseo para las ambiciones e intereses políticos y territoriales de las principales potencias europeas, que desemboca en la larga guerra de Sucesión.

La gran polvareda que levanta la caída del imperio español, y la larga guerra de Sucesión obliga que Felipe V haga balance urgente sobre la situación de su herencia española y, como apunta Marías, acepte la realidad, debiendo reconocer, " [...] que España no es ya el país hegemónico que había sido, que ha dejado de ser la primera potencia de Europa, aunque, por supuesto, sigue siendo de primer orden [...] (2).

El reinado de Felipe V, con su abdicación, y posterior vuelta al trono - tras la prematura muerte de su hijo el Rey Luis I -, se caracteriza principalmente en cuanto a su política nacional por las reformas introducidas en el ejercito, en la hacienda y en la organización político administrativa territorial con los *decretos de nueva planta* (3). Estos decretos, aún cuando fundamentalmente persiguen la uniformidad jurídica y política del reino, también puede parecer que tienen como principal y exclusivo fin *castigar*, en gran medida, a los sistemas forales de los cuatro reinos de la Corona de Aragón, partidarios del pretendiente austriaco. En tanto, por el contrario, respeta el Rey - y confirma en 1.727 - los fueros de las provincias vascas y Navarra, fonterizas con Francia que, no es dificil imaginar, fueron territorios leales a su partido, entendiendo él que también a España.

---

(1)Sobre esta crisis y la pérdida de hegemonía del imperio español, como sobre la dinastía de los Austrias en general, es imprecindible, entre otras de sus obras, cuanto aporta : Dominguez Ortiz, A. *El Antigüo régimen: Los Reyes Católicos y los Austrias.* Historia de España Alfaguara Tomo III. Alianza Editorial. Madrid 1980. pp. 69-444. Una visión general, clara y concisa es la aportada por : Lynch, J. *La España del Siglo XVIII.* Crítica. Barcelona, 1999. Sobre el reinado y la España de Felipe IV, ver: Tomás y Valiente , F. *La España de Felipe IV: el gobierno de la monarquía, la crisis de 1.640 y el fracaso de la hegemonía europea.* Historia de España Tomo 25. Espasa-Calpe.Madrid,1982. Igualmente, y para una visión de la política y de los políticos de este periodo, y en lo que interesa al reinado de Felipe IV, ver: Elliot, J.H. *El Conde-Duque de Olivares: el político en una época de decadencia.* Editorial Crítica. Barcelona, 1990. Sobre Carlos II y su reinado es fundamental: Maura y Gamazo, Gabriel: *Vida y reinado de Carlos II.* Espasa-Calpe.Madrid, 1954 .
(2)Marías, J. : *España inteligible. Razón histórica de las Españas.* Alianza Editorial. Madrid,1987. p. 266. Sobre el cambio dinastico, por su excelente y clara reflexión, es recomendable ver : Dominguez Ortiz, A. *España : tres milenios de historia.* Edit. Marcial Pons Ediciones de Historia. (ed. bolsillo), Madrid, 2007. pp. 233-262. También sobre el cambio dinástico y el periodo de la guerra de Sucesión, ver: Ruiz Torres, P. *Reformismo e Ilustración.* En Historia de España, (Volumen 5). Josep Fontana y Ramón Villares (Dir.). Ed. Crítica/Marcial Pons. Barcelona, 2008. pp. 3-35.
(3) Los *decretos de nueva planta* , fueron promulgados en diferentes fechas , entre junio de 1707 y enero de 1716, e interesaron a los fueros de Aragón,Valencia, Mallorca y Cataluña. Los Decretos supusieron la integración de estos territorios en la administración castellana y la adopción de sus instituciones.

No obstante desde una perspectiva política y de estado más amplia cabe decir que los *decretos* no pretenden exclusivamente *castigar la deslealtad* de una extensa parte del territorio español, sino que, su fundamento primero, responde a la introducción del modelo centralista que se aplica en ese tiempo en Francia, y siguen también otros estados europeos. Y esta uniformidad, sin duda, responde a una intencionalidad política, ante la necesidad - imperiosa en el caso de España - marcada por los tiempos de construir un mercado interior único, o lo más único posible, para crear y desarrollar un sistema económico moderno y competitivo que permita a la nación salir de su atraso y , en cierto modo, miseria general (4).

De hecho, y sobre este subdesarrollo económico y social que se pretende atajar, sírvanos de ejemplo Cataluña, que sobre su situación, bastante avanzado el siglo XVII, apunta Dominguez Ortíz : "Esta Cataluña rural y menestral, cerrada y arcaica, de nobles bandoleros y curas trabucaires es la antítesis de la actual, lo que demuestra que la permanencia de los *caracteres nacionales* es un mito. " (5).

La razón y la urgente necesidad del país conduce a la labor legislativa del reinado de Felipe V - más allá de los *decretos* - a ocuparse de otros muchos asuntos, y reglamentaciones, llegando a eliminar impedimentos estamentales y privilegios obstaculizadores del desarrollo económico y social: en 1705 se establece que "quienes fundasen nuevas fábricas estarían en el favor real, sin que el *manejo* de dichas fábricas fuese obstáculo para conservar o alcanzar la nobleza o para ostentar *cualquier carácter* que tuviesen los hijos-dalgo en Castilla".

Para acometer la instauración de esa *nueva política* la nomina nacional de políticos y tecnócratas cualificados y de primer nivel en esos momentos es escasa, por lo que muy acusadamente en la primera época del reinado de Felipe V, hallamos un exceso de afrancesamiento en la política y el gobierno español - también, y no menor, hubo influencia italiana - que comienza a declinar con la intervención más directa y más decisiva en los asuntos de estado de políticos y técnicos españoles como, entre otros, Melchor Macanaz, José Patiño, José Campillo o Zenón de Somodevilla, Marqués de la Ensenada (6).

De entre los anteriormente mencionados es imprecindible destacar a Melchor Rafael Macanaz, (1670-1760), por cuanto su obra y su pensamiento alcanzan una significativa influencia, prácticamente hasta la última década del siglo XVIII. Este político y pensador - mercantilista en lo económico -, siendo fiscal del Real Consejo de Castilla durante el reinado de Felipe V, dirigió al Rey, en el año 1713, su famoso *Pedimento del Fiscal*; peticiones, entre otras, de carácter económico y fiscal, y sobre la necesidad de secularizar la Administración y la vida económica española, diferenciando clara y cuidadosamente religión y política religiosa (7). El Contenido de su *Pedimento* se hizo imprevisiblemente público y fue procesado por

---

(4)A la *uniformidad* territorial que persiguen los *decretos* se refiere : Anes, G.: *El Antigüo Régimen:Los Borbones.*Historia de España Alfaguara Tomo IV. Alianza Editorial.Madrid, 1979. p.348. Esta obra de Anes, ya clásica, es fundamental para acercarnos al conocimiento de la sociedad, la economía y las principales realizaciones políticas de nuestro siglo XVIII. Sobre los fundamentos y uniformidad igualmente de los *decretos*, ver: Lynch, J. Ob.cita. pp-57-63
(5)Dominguez Ortíz,A. (*El Antigüo Régimen...*). ob. cit. p.388
(6)Sobre este afrancesamiento de la politica y el gobierno español, ver : Lynch, J. Ob. Cit. pp. 45-50. Anes, G.. Ob. cit. pp. 347-348. Marías, J. Ob. cit. pp 261-264.
(7)Macanaz, M.R. y Maldonado Macanaz, J. *Melchor Macanaz.: Testamento político. Pedimento Fiscal.* Edit. Instituto de Estudios Políticos. Madrid,1972.

la Inquisición, debiendo exilarse a Francia en 1715, muy presumiblente con conocimiento y apoyo Real, pues como señala Marías, *fue representante del monarca por toda Europa* (8).

En Melchor Macanaz - anticipándose algunas décadas - podemos hallar, en sus ideas, textos y lenguaje intelectual, cuanto más tarde hallaremos en Jovellanos o Campomanes. Marías, profundizando sin duda más allá, ve en la obra de Macanaz, *el programa del siglo XVIII formulado tempranamente*, y que marca la línea general de la política no sólo de Felipe V, sino también de sus inmediatos sucesores.

Contemporáneo de Melchor R. Macanaz es Fray Benito Jerónimo Feijóo, (1676-1764), que con su obra, en gran medida, representa esta nueva época de España, y que para él mismo se trata de las ideas de *la Ilustración, dentro del catolicismo más abierto pero no más ortodoxo que el de los tradicionalistas* (9) .

Sus obras, principalmente su *Teatro Crítico Universal* y sus *Cartas Eruditas*, que goza de amplia difusión, sobre todo, a lo largo del siglo XVIII, se ocupan de "[...] Introducir doctrinas nuevas en algunas materias y desterrar de otras errores y preocupaciones comunes". Por supuesto, manteniendo la firme idea de que *en todo aquello que no toca a la Religión y dogma católicos*, no reconocía otros criterios que los de *razón y experiencia.* Feijóo contó con gran reconociento en su época tanto dentro como fuera de España. Incluso fue nombrado Consejero por Fernando VI, en 1748 (10).

Los Borbones españoles no han destacado de ningún modo por su brillantez intelectual ni por su entrega al trabajo de gobierno, pero no podemos negar que en el reinado de Felipe V se acometen importantes cambios y se impulsan políticas imprescindibles que sientan las bases de las reformas que en los reinados posteriores del siglo XVIII se plantean y desarrollan en España.

Con Felipe V se inicia el proyecto de *hacer* España; de *perfeccionar* su unidad, y de renovarse y hacer lo que otras naciones ya han hecho, y España no. Y esta transformación de España, que para Marías es un hecho a lo largo de todo el siglo XVIII, es " [...] nada espectacular, difícil de descubrir y por eso mismo no ha sido adecuadamente observada. Por primera vez se convierte en proyecto de sí misma. Quiero decir que lo que España propiamente hace, sobre todo entre 1714 y 1788, es España, su propia realidad". *España como proyecto de sí misma* (11).

---

(8)Marías, J. Ob. Cit. p. 268. Muy interesante sobre la figura de Macanaz y la historia de su proceso inquisitorial, Martín Gaite, C. : *El proceso de Macanaz. Historia de un empapelamiento.* Espasa-Calpe. Madrid, 1999

(9)Marías, J. Ob. Cit. p. 270

(10)Feijóo, B.J. Teatro *Crítico Universal.* (III Tomos). Selección, prólogo y notas de Agustín Millares Carlo. En Clásicos Castellanos. Espasa-Calpe.Madrid, 1975. pp. 35-37 (prólogo). Tomo I. Ver también : Feijóo, B.J. *Cartas Eruditas.* Selección,Prólogo y notas de Agustín Millares Carlo. En Clásicos Castellanos. Espasa-Calpe. Madrid, 1969.

(11)Marias, J. Ob. Cit. pp. 264-268. Para apróximarse a la figura de Felipe V es interesante la biografia de : Voltes Bou, P. *Felipe V: fundador de la España contemporánea.* Espasa-Calpe. Madrid, 1991. Sobre el gobierno en el reinado de Felipe V, ver: Lynch, J. Ob.Cit. pp.64-105

Fernando VI : paz y transición reformista

En opinión de Menéndez Pelayo,"no hay parte de nuestra historia, desde el siglo XVI, acá, más oscura que el reinado de Fernando VI. *Aquel reinado no fué grande, pero fue dichoso*". Y ciertamente este período de nuestra historia - ya hoy más conocido - no pasa tanto por *oscuro* como por extraordinario en el sentido de que casi durante más de una década España fija una política exterior de neutralidad activa que libra a la nación de las continuas guerras que desde siglos atrás sufría. Esta política pacífica, que no exactamente pacifista, ayuda a consolidar a España *como proyecto de sí misma* permitiendo centrar todos los esfuerzos nacionales en mantener y avanzar en las reformas planteadas e iniciadas en el reinado anterior (12)

En 1746 inicia su reinado Fernando VI, y aún cuando no poseia un gran talento sí supo escoger y rodearse de notables colaboradores y ministros, como Zenón de Somodevilla, José de Carvajal o Ricardo Wall, entre otros.

Los apenas trece años que dura su reinado suponen para España un período de paz, de política exterior no belicista, coherente con su situación, pero no por ello débil. Una muestra: el Concordato suscrito con la Iglesia en 1753, y que confirmaba a la corona española en sus relaciones con el clero español el derecho *casi universal* de nombramiento, jurisdicción y rentas.

En cuanto a la política interior se reformó la Hacienda para establecer el *impuesto único del catastro*, que da lugar en 1750 a iniciar los trabajos de recopilación de datos del conocido como *catastro de Ensenada*. Se incrementó el comercio con las colonias y se acometieron mejoras y nuevos proyectos en infraestructuras básicas para facilitar las comunicaciones (13).

El empeño por romper definitivamente el aislamiento en que estuvo sumida España desde mediado el siglo XVI, lleva a que durante este breve reinado se posibilite en unos casos, y en otros al menos no se persiga, la penetración de las ideas ilustradas europeas.

En las primeras décadas del siglo XVIII, en Europa, se constituyen ya formalmente Academias científicas y Sociedades de Agricultura, Artes y Oficios (14). En España, con algún retraso, pero con indiscutible semejanza a estas instituciones, se crean, entre otras, la Real Academia de Bellas Artes de San Fernando (1752); la Real Academia de Agricultura de la Ciudad de Lérida (1763), y la Academia de Agricultura del Reino de Galicia (1764).

---

(12)En este reinado, con el Marqués de la Ensenada al frente del gobierno, España incrementó los planes de reforma de la marina y construccion de navios, ya iniciados en el reinado de Felipe V, y reformó el ejercito. En la paz sin dejar de prepararse para la guerra. Sobre este aspecto ver: Anes, G. Ob.cit. 358-359. Lynch, J: Ob. Cit. pp. 158-161.Igualmente es muy interesante el articulo de : Espadas Burgos, Manuel. "Fernando VI o el reformismo pacifista", en Anales del Instituto de Estudios Madrileños.n° 3, pp.319-330.Madrid, 1968.
(13)Sobre las realizaciones económicas,ver: Anes, G. Ob. Cit. pp.357-360. Sobre la supresión de aduanas interiores y el crecimiento económico, ver: Ruiz Torres, P. Ob. Cit. pp.298-320.
(14)Despuées de la muerte de Luis XV en 1715 en Francia se crean numerosas Academias y Sociedades en las principales capitales de provincia. Entre otras : La Sociedad de Dublin (1730), La Sociedad de Zurich (1747), La Real Sociedad Científica holandesa (1752), La real Sociedad de Agricultura,Artes y Oficios de Gran Bretaña (1757), La Sociedad de Agricultura,de Comercio y de las Artes de Rennes (1757),La Sociedad de Paris (1761), La Sociedad de Berna (1763)

Las Tertulias de carácter científico, económico o profesional eran numerosas en el país. Por ejemplo, la *tertulia de los caballeritos de Azcoitia* que, ya como *Junta Académica,* en Guipuzcoa, se reunió por primera vez en 1748, siendo el germen de la posteriorme, en 1773, Sociedad Bascongada de Amigos del País.

Fernando VI y su gobierno están al tanto de las novedades y avances económicos y sociales que se producen en la Europa ilustrada. Ensenada ha traído a España un buen número de técnicos e ingenieros franceses e ingleses para las fábricas y astilleros nacionales. Asimismo, se envian al extranjero comisionados cuya misión es *verlo todo* en cuanto a la economía y la sociedad de los paises más avanzados en la agricultura, la industria y el comercio. Entre esos veedores destaca la labor y el trabajo de Bernardo Ward, irlandés al servicio de la corona española.

A Ward, economista, consejero de Fernando VI, a principios de 1750 le fue encomendado por éste, emprender un viaje a los principales paises extranjeros para ver y observar los *adelantamientos de toda Europa* , y recomendar mejoras internas.

El Consejero Real Ward, ya había tenido ocasión de publicar ese año de 1750, el libro *Obra Pía,* que obtuvo escasa resonancia en su momento, si bien se le prestó mucha mayor atención en su primera reimpresión en 1767 (15).

El viaje de Ward, por su carácter minucioso, se prolanga durante cuatro años, hasta 1754. Visita numeros paises europeos, entre ellos, Inglaterra, Francia, Suiza, Hungría, Escandinavia y *Moscovia*; extendiendo incluso su periplo a *las Américas*. Al poco de regresar a España, es nombrado Ministro de la Real Junta de Comercio y Moneda. Por ese tiempo comienza a ordenar todo el material acumulado en su viaje, concluyendo en 1762 su obra *Proyecto Económico* que, como obra póstuma, aparece publicada en 1779, por la intervención directa de Pedro Rodriguez Campomanes (16).

El *Proyecto Económico* es un conjunto de propuestas y recomendaciones para la planificación de la economía española a los efectos de situarla al nivel de las más potentes de Europa. Desde un planteamiento fundamentalmente mercantilista se ocupa de la industria, el comercio y la agricultura, sin olvidar la importancia de las comunicaciones, para las que cree que el sistema de red radial de carreteras es el más conveniente (17). Igualmente, destaca la importancia que otorga a la instrucción en el ramo de la agricultura, y plantea la creación de una *Junta de Comisarios de visita*, para en los lugares y provincias, levanten informes y hasta allí lleven esa *instrucción* sobre cultivos, ganadería, etc.

---

(15)Ward, B. *Obra Pía, y eficaz modo para remediar la miseria de la gente pobre de España*. Imprenta Antonio Marín. Madrid, 1767 (reimpresión de la primera edición publicada en Valencia en 1750). La mayoría de los autores afirman que esta edición ve la luz por encargo de Pedro Rodriguez Campomanes.
(16)Ward, B. *Proyecto Económico,en que se proponen varias providencias dirigidas a promover los intereses de España con los medios y fondos necesarios para su planificación*. Imprenta Joaquín Ibarra.Madrid,1779. Esta publicación póstuma incluye igualmente la obra de Ward, *Obra Pía*. Existe una reedición del *Proyecto Económico*, en 1982, al cuidado y con prólogo de Juan Luis Castellano Castellano.Edit.Instituto de Estudios Fiscales del Ministerio de Hacienda. Madrid, 1982.
(17)Sobre las propuestas de Ward en cuanto a la red de comunicaciones por carretera, ver : Wais San Martín, F. "Recuerdo a Bernardo Ward y a sus Caminos", en Revista de Obras Públicas, nº 2.981, Madrid.septiembre 1963, pp. 563-566

Algunos autores ven en algunas propuestas de Ward una excesiva similitud con las ya en su momento planteadas por el colbertiano Jerónimo de Ustáriz y por José del Campillo, pero parece más ajustado pensar, como apunta Sánchez-Blanco, que las propuestas de Ward *conectan* en cierto modo con las de aquellos que, no cabe duda, parten a su vez de los planteamientos de otros reformistas y pensadores europeos de los siglos XVII y XVIII. También encontraremos, más tarde, esta *conexión* entre las obras de Pedro Rodriguez Campomanes, y las de Macanaz, Ward, Manuel Rubín de Celis, y otros (18).

El último año de la vida de Fernando VI, ya viudo, lo pasa sumido en la locura y recluido en Villaviciosa de Odón, Madrid. Triste final personal, y triste fin de un período de transición que, sin gran espectacularidad, resultó positivo en general y preparó en muchos sentidos las bases de las reformas que se introducen con el reinado de su sucesor y hermano, Carlos (19).

Gaspar Melchor de Jovellanos, casi treinta años después de la muerte de Fernando VI, hace resumen y balance de este reinado: "Fernando, en un período más breve, pero más floreciente y pacífico, sigue las huellas de su padre; cría la marina, fomenta la industria, favorece la circulación interior, domicilia y recompensa las bellas artes, protege los talentos, y para aumentar más rápidamente la suma de los conocimientos útiles, al mismo tiempo que envía por Europa muchos sobresalientes jóvenes en busca de tan preciosa mercancía, acoge favorablemente en España a los artistas y sabios extranjeros, y compra sus luces con premios y pensiones. De este modo se prepararon las sendas que tan gloriosamente corrió después Carlos III " (20).

Carlos III : La Guerra. Reformas realizadas y frustradas

Tras el fallecimiento- sin descendencia - de Fernando VI, en 1759, le sucede en el trono de España su hermano Carlos III, hasta ese momento rey de Nápoles durante los veinticinco años anteriores. Por tanto, Carlos III inicia su reinado contando ya con una amplia experiencia como gobernante, y con un conocimiento al detalle de la situación política interior y exterior de España al contar, ya anteriormente a su llegada, con información muy minuciosa y directa, sobre todo a partir de la última enfermedad de su hermano el rey Fernando. Su primera medida fue conservar a todos los ministros de Fernando VI, - con Ricardo Wall a la cabeza - con excepción del Conde de Valparaíso, en Hacienda, nombrando para sustituirle a Leopoldo di Grigorio, marqués de Esquilache, que ya fue miembro de su gobierno en Nápoles (21).

No obstante, lo que pudiera parecer en primer término una política en general

---

(18)Sanchez-Blanco, F. *El Absolutismo y las Luces en el reinado de Carlos III*. Marcial Pons Ed. De Historia. Madrid, 2002 pp.34-36.
(19)Para acercarse a la biografia de Fernando VI y obtener una visión general de su reinado, entre otros, ver: Gómez Urdánez,J.L. *Fernando VI*. Arlanza ediciones. Madrid,2001.
(20)Jovellanos, M. G. "Memoria del Castillo de Bellver- Discursos y Cartas". En Clásicos Castellanos. Espasa-Calpe. Madrid, 1969. p.72. Este balance de Jovellanos aparece en su Discurso, fúnebre, "Elogio de Carlos III", leído en la Real Sociedad Económica de Madrid, el día 8 de noviembre de 1788.
(21)Lynch, J. Ob. Cit. pp. 225-226 . Marqués de Esquilache,(1708-1785), siciliano. Su caída política, muy a pesar del propio Carlos III, es consecuencia del motín que en Madrid se desató en 1766.

continuista del reinado de Fernando VI, mudó no muy tarde en lo tocante al principio de neutralidad en la política exterior, pues Carlos III vuelve a implicar directamente a España en diferentes guerras contra Gran Bretaña y contra Portugal llevándole su postura a la necesidad a suscribir en 1761, el llamado *tercer pacto de familia* (22).

La guerra y su política exterior, así como el aumento de la influencia y poder de Esquilache, muy probablemente, como apunta Lynch, declina la figura de Ricardo Wall, quien dimite en Agosto de 1763, produciéndose por tal motivo una remodelación del gobierno, sumando Esquilache a su cartera de Hacienda la de Guerra, y nombrando el rey a Gerónimo Grimaldi, para ocuparse de la cartera de Estado. Esta remodelación de gobierno pone las áreas clave de gobierno del reino, como la hacienda, el ejercito y los asuntos exteriores, en manos de extranjeros, llegando incluso el rey a aceptar la sugerencia de Grimaldi de crear, una junta o comisión de ministros en la que además de él se integrasen Esquilache y de Arriaga y de la que al poco *Esquilache, junto con Grimaldi, se hizo con el control* (23).

La napolitanización - en los primeros años de su reinado - de la política y el gobierno de Carlos III, trae escasas reformas de contenido social y economicamente productivas, pues prácticamente toda su política interior solo interesa a la recaudación de impuestos para atender los gastos de la guerra y los gastos de su costosa corte, que lleva incluso a Esquilache a elaborar un proyecto para imponer la *igualdad fiscal*, que finalmente fue retirado. En cambio el proyecto de poner fin al monopolio gaditano en el comercio con las Indias se llevó a efecto en 1765, autorizándose el comercio directo también desde otros puestos españoles con Cuba, Puerto Rico y otras posesiones en América. Como señala Anes, "los puertos de Barcelona, Málaga, La Coruña y Santander parecen haber sido los que aprovecharon mejor las posibilidades que ofrecian las disposiciones legales"(24).

El día 23 de marzo de 1766, en las calles de Madrid se produce un imponente - por multitudianario - motín, que pasaría a conocerse como el *motín de Esquilache*, por ser el siciliano el centro de las iras de los amotinados. Efectivamente, legislar contra las hechuras de la vestimenta popular o padecer el gobierno de políticos extranjeros, celosos solo en *recaudar y reformar,* rebeló al pueblo, pero probablemente lo que más influyó en su determinación - también para que el rey aceptase sus demandas - fue que a las malas cosechas y la escasez subsiguiente, acompañó una carestía desorbitada de las subsistencias y, con ello el hambre, que no sólo se sentía en Madrid, sino en otras muchas ciudades y pueblos españoles en donde se produjeron igualmente motines ese mes y aún los siguientes de abril y mayo (25).

---

(22)Sobre este *tercer pacto de familia*, ver : Ferrer del Rio. *Historia del Reinado de Carlos III en España*. (4 Tomos).Imprenta de Matute y Compagni. Madrid,1856. Tomo I. pp. 279-314

(23)Lynch, J. Ob. Cit.p. 226 . Sobre esta Junta o comisión de ministros es muy interesante, ver : Escudero, J. A. .*Los orígenes del Consejo de Ministros*. (2 volumenes). Editorial Complutense. Madrid, 2001. Volumen I. pp. 289-302. Julián de Arriaga, miembro de la junta o comisión de ministros, lo era de Indias y Marina.

(24)Anes, G. *El siglo de las luces*.En Historia de España, Miguel Artola (Dir.). Alianza Editorial.Madrid, 1996. pp.98-99. Con esta obra, y la ya ampliamente citada en este trabajo, *El antiguo Régimen: Los Borbones,* Gonzalo Anes, completa una rica visión y aportación de conocimientos y de máxima autoridad sobre la sociedad, la economía, la política, la cultura, etc. de España en el siglo XVIII.

(25)García Escudero, J.Mª. *Historia Política de las dos Españas* (4 Tomos). Editora Nacional.Madrid, 1976. pp.42-44 (Tomo I). En una línea muy parecida a la de García Escudero, pero incidiendo en la idea de *existencia de un pueblo*, del pueblo español, Marías habla del *popularismo* en la ilustración española.Ver: Marías, J. Ob.cit. pp.303-308.

El pueblo madrileño exige con firmeza al rey - como recoge Lynch - " [...] el exilio de Esquilache, el cese de todos los ministros extranjeros y su sustitución por españoles, la abolición de los guardias valones, la revocación de las órdenes sobre la vestimenta y la reducción del precio de los alimentos". Tras dudas, y habiendo *huído secretamente* el rey a Aranjuez, en donde para afrontar su delicada situación y la de su pueblo se entregó a la caza, al cabo de dos días concedió cuanto reclamaba su pueblo,si bien a la hora de ejecutarse esas concesiones, unas se realizaron y otras no. No obstante, con gran pesar del Rey, la reivindicación contra Esquilache la cumplió y éste salió del poder y de España (26).

Con la caída de Esquilache subió al poder el conde de Aranda, quien alcanzó una notable influencia sobre todo en la política interior en razón a liderar la llamada facción *aragonesa*, frente a la conocida como facción *golilla*, en resumen, respectivamente, facción reaccionaria y facción reformista. Aunque ciertamente, Aranda fluctuaba en su apoyo a uno u otro lado, anti-reformismo o pro-reformismo, conforme le dictaba su interés personal y político (27).

Pedro Rodriguez Campomanes, fiscal general del Real Consejo de Castilla, fue el autor de la *encuesta* que, bajo la presidencia de Aranda, elaboró la Comisión especial encargada de esclarecer las *verdaderas causas* e instigadores del motín madrileño y las insurreciones en provincias que tuvieron lugar en 1766. Las conclusiones determinaron la *responsabilidad* de la Compañía de Jesús, confirmando - a juicio de Lynch - " [...] los prejuicios del monarca contra una orden a la que calificaba de *esa peste* y a la que consideraba como un peligro para él y para sus reinos"; si bien hay que añadir que la expulsión de los Jesuitas, decretada por Carlos III el 2 de abril de 1767, es una medida política que, como destaca Anes, "[...] conviene relacionar con decisiones análogas adoptadas en Portugal en 1759 y Francia en 1762." (28).

La corriente *ilustrada* encabezada desde el poder, muy especialmente, por Pedro Rodriguez Campomanes, sostiene el empeño de difundir las *ciencias útiles* y de recabar, como señala Carr, la *colaboracion inteligente* a nivel local de los *prohombres de la provincia*, procurando además formar con ello la base de una élite favorable a las reformas fundamentalmente económicas, y que encuentra el cauce adecuado a través de las Sociedades Económicas de Amigos del País.

---

(26)En cuanto a Lynch, su planteamiento es más próximo a que fue la pobreza y no la conspiración política lo que provocó estas revueltas y motines, ver: Lynch, J. Ob. Cit. pp. 235-241. Para una visión más centrada en los hechos ocurridos en Madrid, ver: López García, J.M. *El motín contra Esquilache: crisis y protesta popular en el Madrid del siglo XVIII.* Alianza Editorial. Madrid, 2006.

(27) El conde Aranda era la cabeza visible de la facción política aragonesista , mal calificado *partido aragonés,* atento a los intereses de la alta nobleza. Partidarios de volver a la *monarquía de consenso* territorial anterior a los Borbones, reconociéndose por tanto las leyes y fueros de la corona de Aragón. Sus ideas respecto a la sociedad, la política y la economía eran reaccionarias, frente a la posición de la facción política denominada *golilla,* (de gola, prenda de cuello que usaban los togados), también llamado *civil o de los juristas,* que eran defensores de las reformas y de las ideas más racionalistas de la ilustración. Lo presidió el Conde de Floridablanca, pero su representante más eficaz y perseverante fue Pedro Rodriguez Campomanes. Sobre el "partido aragonés", ver : Olaechea Albistur, R. *El Conde de Aranda y el "Partido Aragonés".*Universidad de Zaragoza. Zaragoza, 1969. Sobre el conde de Aranda, su biografía y acción política y diplomática, ver: Olaechea, R. y Ferrer Benimeli, J.A. *El Conde Aranda: Mito y realidad de un político aragonés.* Edit. Diputación Provincial de Huesca. Huesca, 1998.

(28)Pedro Rodriguez Campomanes, (1723-1802), Conde de Campomanes. Ya desde su posición como Fiscal general del Real Consejo de Castilla., primero durante el gobierno de Esquilache, como con el conde Aranda y posteriormente con el conde Floridablanca, planeó y realizó diversas reformas de orden económico. Ver : de Castro, C. *Campomanes. Estado y Reformismo Ilustrado.* Alianza Editorial. Madrid,1996. y , AA.VV . *Campomanes en su II Centenario.* Gonzalo Anes y Álvarez de Castrillon (coord.). Serie Estudios Edit. Real Academia de la Historia. Madrid, 2003.

Instituciones que para Anes, sobre todo durante el último cuarto del siglo XVIII, fueron el *resultado de la respuesta* de nobles, de eclesiásticos y de personas de otras capas sociales a los cambios producidos en la economía, " [...] y que se manifestaron visiblemente en un aumento de la población, de las superficies cultivadas, de la producción, de los precios y de la renta de la tierra" (29).

Los reformistas consolidan su peso en el gobierno, y la figura política de Aranda fue, poco a poco, delibitándose hasta producirse en 1773 su salida del gobierno, sucediéndole el ministro Grimaldi, quien cesó tres años más tarde, ocupando su puesto José Moñino y Redondo, Conde de Floridablanca, hasta el fin del reinado de Carlos III, en 1788 (30).

Con la muerte de Carlos III se pone fin a un reinado que casi durante tres décadas, con etapas radicales y con etapas moderadas, procura introducir y realizar las reformas precisas en lo político, en lo económico y en lo social que permitan elevar a España hasta los niveles que otras potencias europeas ya han alcanzado. Frente a su empeño encontrará, casi siempre, a la alta nobleza, muy a menudo a la Iglesia y, en momentos puntuales, al pueblo (31).

---

(29)Anes, G. *(...Los Borbones)*. Ob. Cit. pp. 398-400. De este mismo autor y para conocer la economía de esta época,ver: Anes, G. *(El siglo de las luces)*. Ob.Cit. pp. 43-123. Sobre la población de este siglo XVIII y su despegue demográfico es imprecindible consultar el ya cásico,trabajo de : Nadal, J. *La población española (Siglos XVI a XX)*. Editorial Ariel.Barcelona, 1986. pp. 86-137.

(30)José Moñino y Redondo (1728-1808), Conde de Floridablanca. Jurista y político. Llegó a formar parte del primer gobierno de Carlos IV. Para una visión de su persona y su política, ver: Conde de Floridablanca. *Obras originales y escritos sobre su persona*, Antonio Ferrer del Río (recop.) Biblioteca de Autores Españoles (BAE) . Madrid, 1867.

(31) Sobre Carlos III y su época, aún cuando su recopilación fue publicada en 1.988, aún resulta imprescindible: Aguilar Piñal, F. *Bibliografia de Estudios sobre Carlos III y su época*. Edit. C.S.I.C. Madrid, 1988. Igualmente, ver : Dominguez Ortiz, A. *Carlos III y la España de la Ilustración*. Alianza Editorial (ed. Bolsillo) Madrid, 2005; Marías, J. *La España posible en tiempos de Carlos III*. Edit. Junta de Castilla y León.Valladolid, 2006, y, Sarrailh, J. *La España ilustrada de la segunda mitad del siglo XVIII*. Fondo de Cultura Económica. México, D.F. 1992.

PARTE - II

LAS SOCIEDADES ECONOMICAS DE AMIGOS DEL PAIS :
APUNTE HISTORICO SIGLOS XVIII y XIX

1) Siglo XVIII:
Establecimiento , auge y primera decadencia de las Sociedades Económicas de Amigos del País.

Sempere y Guarinos describe con sencillez y extremo tino el establecimiento de las Sociedades Económicas de Amigos del País: " Uno de los sucesos más notables y gloriosos del Reynado de Carlos III, es el establecimiento de las Sociedades Económicas. Sin grandes gastos, sin salarios, y sin los demás embarazos y riesgos que suelen ocasionar otros proyectos menos importantes, se encuentra en España con un gran número de Escuelas utilísimas, y de Ministros a quienes confiar el exámen, y la execución de muchas providencias relativas al fomento de la Agricultura, Artes, Comercio y Policía" (32).

Las Sociedades Económicas son *cuerpos patrióticos* creados y, en escasa medida, adscritos al Estado con un contenido considerable de control político que, además de su fundamento económico y de instrucción, responde a una estrategía precisa para extender el proyecto reformista del gobierno a determinados grupos de los diferentes estamentos; y eran necesarias para, como apunta De Labra, *dar batalla a la Reacción concentrando mucho las fuerzas* (33).

Las Sociedades Económicas, sin llegar a ser meros y puros *Aparatos Ideológicos del Estado*, como sostiene – brillantemente - Juan Luis Castellanos, sí pretende el Estado que además de sus funciones de fomento de la economía y de la instrucción, éstas también hagan las veces de *representante ideológico civil,* agrupando entorno a ellas a los ilustrados y reformistas (34). Y con algunas de las Sociedades - por supuesto la Económica Matritense - se alcanza este propósito, pero, ciertamente, no así con todas ellas (35).

---

(32)Sempere y Guarinos, J. Ensayo de una biblioteca española de los mejores escritores del Reynado de Carlos III. Imprenta Real. Madrid, 1789. Tomo VI. p.135

(33) De Labra Cadrana, R. Mª. " Las Sociedades Económicas de Amigos del País", en Revista *Nuestro Tiempo*, nº. 48, Madrid. diciembre, 1904. p.327. Este artículo es el último de una serie de tres que el autor dedica al tema "La Cultura Superior española". Los anteriores artículos aparecen en esta revista , correspondientes a los numeros de abril y junio de ese mismo año. Rafaél Mª. De Labra Cadrana, (1841-1919) , escritor, jurista y político. Senador en varias legislaturas por las Sociedades Económicas. Fundador de la Institución Libre de Enseñanza. Sobre las Sociedades Económicas tiene publicadas varias obras, a destacar: *Las Sociedades Económicas de Amigos del País: indicaciones históricas.* Imprenta A. Alonso. Madrid, 1904 . Sobre De Labra, político, jurista, educador, etc , se ha ocupado en numerosas publicaciones la profesora Mª. Dolores Domingo Acebrón. También, y sobre la biografía política de De Labra, ver: Hernández Sandoica, E. "Rafaél María de Labra y Cadrana, 1841-1919: una biografía política". Edit. Departº. de Historia de América "Fernández de Oviedo". C.S.I.C. Madrid, 1994

(34)Castellano Castellano, J. L. *Luces y Reformismo. Las Sociedades Económicas de Amigos del País del Reino de Granada en el siglo XVIII.* Edit. Diputación Provincial de Granada / Universidad de Granada. Granada, 1984. pp.13-17. En esta obra Castellano Castellano, nos presenta las Sociedades Económicas fundadas en el Reino de Granada en el siglo XVIII.

(35)La Sociedad Económica Matritense, controlada por el Real Consejo de Castilla, o lo que es lo mismo, por Campomanes. Los estatutos de las Económicas antes de su trámite ante el Real Consejo de Castilla han de recibir el visto bueno de la Sociedad madrileña. Lo que en palabras de Enciso, supone un *tufo uniformador y dirigista.* Ver: Enciso Recio, L. M. "Las Sociedades Económicas Castellano-Leonesas. Apunte Institucional y Sociológico", en *Actas I Congreso de Historia de Palencia. Edad Moderna y Edad Contemporánea.* Edit. Diputación Provincial de Palencia. Palencia, 1987. Tomo III. p.572

Las Sociedades Económicas   conforman una estructura institucional heterogénea - al margen de su *uniformidad madrileña vs Real Consejo de Castilla* - dándose marcadas diferencias entre una y otra en razón a su ámbito de acción - dicotomía campo-ciudad - y a los intereses económicos y políticos personales de gran número de sus integrantes. Lo que sí es más evidente y, ya hoy, menos discutible es que bastantes de las Sociedades Económicas, sobre todo en el siglo XIX, incluso en el siglo XX, son utilizadas en gran medida como *aparatos ideológicos, sucursalistas,* de los partidos, convirtiéndose además en simples *centros* en los que procurar los más de sus integrantes - manteniendo el dircurso del *fomento general* - acrecentar su patrimonio económico y encauzar sus ambiciones políticas.

No obstante la intencionalidad de control político por parte del Estado, no puede dudarse que también el establecimiento de las Sociedades Económicas en España responde a un proceso de evolución que sobre la utilidad de este tipo de instituciones para el desarrollo económico y social se inicia en la Europa ilustrada en la primera mitad del siglo XVIII, y que va desarrollándose en nuestro país - aunque a la vista está que muy lentamente - con las reflexiones de Feijóo; las obras - y sus *Juntas de Mejora* - de Ward; las iniciativas aisladas, como la Bascongada o las Reales Academias de Agricultura de Lérida y de Galicia, y los proyectos e iniciativas de Pedro Rodriguez Campomanes – ya en 1760 - sobre la creación en Madrid de una *Sociedad Real de Agricultura,* "[...] que debía irse propagando en Academias provinciales por el resto de las capitales (36).

También el empuje teórico económico que lleva finalmente al establecimiento de las Sociedades Económicas, viene determinado, en cierto modo, y siguiendo lo apuntado por Sánchez Jiménez, por el hecho de que " [...] la ideología oficial mercantilista va cediendo hacia presupuestos fisiocráticos y hacia una primera defensa de los intereses burgueses en contraste con el orden social vigente". Aunque conviene señalar que en algunas de las acciones o medidas oficiales, o en los famosos *Discursos* de Campomanes, puede confundirse el agrarismo mercantilista con la fisiocracia o, incluso, que en relación con el *libre comercio* no se adopte complentamente la doctrina fisiócrata tomando medidas más *pragmáticas* (37).

Con todo, y cuando hablamos de las Sociedades Económicas en España e Hispanoamérica – también en Filipinas - debemos señalar inequívocamente que quien fija su contenido y camino, y promueve su establecimiento es Pedro Rodriguez Campomanes, contando posteriormente con el apoyo y participación de otros ilustrados e intelectuales, entre ellos, el Conde de Aranda, Cabarrús y Jovellanos (38).

---

(36) Las influencias extranjeras o no en la creación de las Sociedades Económicas es un tema recurrente en las publicaciones de los años cincuenta y sesenta del pasado siglo, llegándose incluso a citar como origen la posibilidad de que *descendieran de los cuáqueros ingleses.* Jean Sarrailh, afirma que las Sociedades Económicas se inspiran en el extranjero (ver : Ob.cit. p. 230), en tanto que autores como Novoa y Ruiz González de Linares niegan la posible influencia extranjera. Por su parte Anes ve en su fundación el resultado de un proceso de la *corriente ilustrada* española (ver: Ob.cit. *...Los Borbones...,* pp. 398-400). Igualmente,ver : Carande, R. "El despotismo ilustrado de los Amigos de País", en, *Siete Estudios de Historia de España* . Ariel. Barcelona, 1969. pp. 143-181. En cuanto a las Reales Academias de Agricultura de Lérida y Galicia, ver: Ruiz Torres, P. Ob. Cit. pp .475-477; Castellano Castellano, J. L. Ob. Cit. pp. 33-41.

(37)Sánchez Jiménez, J. *La España Contemporánea* (3 Tomos). Ediciones Istmo. Madrid, 1991. Tomo I. p. 61

(38) En 1780 se funda en Veracruz, Méjico, su correspondiente Sociedad Económica, a la que siguen otras, - también en los inicios del siglo XIX -, en los territorios españoles de América. En Asia, en 1781 se funda la Económica de Manila (Filipinas). Sobre las Sociedades Económicas y la emancipación americana en el siglo XIX, ver : Novoa, E. *Las Sociedades Económicas de Amigos del País. Su influencia en la emancipación americana.* Prensa Española. Madrid, 1955

Pedro Rodriguez Campomanes, en 1774, con su difundidísima obra *Discurso sobre el Fomento de la Industria Popular* - cuya autoría desde hace algunos años es puesta en duda - fija no sólo un proyecto de reactivación y extensión hacia actividades diversas de la economía nacional, sino que también describe detalladamente en veintidós puntos qué deben ser las Sociedades Económicas de Amigos del País, y quiénes deben componerlas. Dispone también Campomanes que las Sociedades Económicas no cuenten con *fuero ni privilegio alguno*, y que para su sostenimiento fijen una cuota o asignación por socio que, incluso, llega a determinar en *120 reales de vellón al año* (39).

Al año siguiente, en 1775, aparece su *Discurso sobre la Educación Popular de los Artesanos y su Fomento*, en el que destaca la necesidad de instrucción de los diferentes oficios, y señala determinadas obligaciones y funciones a desarrollar por las Sociedades Económicas de Amigos del País, *protectoras de los oficios,* en la atención a los gremios y su fomento (40).

Otro *Amigo del País* impulsor de las Económicas, fue Jovellanos, quien participó activamente en la Sociedad Económica de Sevilla y, muy especialmente, en la Sociedad Económica Matritense de la que fue incluso su Director. Elaboró, Jovellanos, el informe que la Matritense presentó en 1794 al Real Consejo de Castilla *sobre el expediente de la ley agraria*, en el que se aboga en favor del *interés individual dispensándole el derecho de aspirar a la propiedad territorial,* prestando para ello su mayor atención en la búsqueda de utilidad a las tierras baldías y concejiles (41).

Siguiendo a Ruiz Torres – quien sobre la Sociedad Bascongada (año 1773) sostiene que *no es exactamente* ésta en su contenido y fines como las Económicas de Campomanes –la primera Sociedad Económica constituida fue en 1775, la Real Sociedad Económica Matritense de Amigos del País : *"Socorre Enseñando"* (42). Inmediatamente sigue la fundación de numerosas Económicas, y tanto es así que – como señala Gonzalo Anes - a la muerte de Carlos III, en 1788, había una cincuentena de Económicas. De Demerson y Aguilar Piñal cifran, que ya a finales del siglo XVIII, eran *ciento ocho* las Sociedades Económicas que habían solicitado la aprobación de sus estatutos; si bien no todas ellas llegaron a constituirse, ya por razones propias, ya por no obtener su aprobación, principalmente por litigio

---

(39)Rodriguez Campomanes, P. *Discurso sobre el Fomento de la Industria Popular.* Imprenta Antonio de Sancha.Madrid, 1774. pp. 140-174. Campomanes indica que las Sociedades Económicas deben estar compuestas por la nobleza más instruida del país, pues *ella es la que posee las principales y más pingües tierras, y tiene el principal interés en fomentar la riqueza del pueblo.* También reclama la contribución del clero *por medio de las noticias que den los párrocos.* Sobre esta participación de nobles y clérigos, ver: Anes, G. Ob. cit. (..El siglo de las luces...). pp. 24-37. La tradicional atribución de esta obra – *el Fomento de la Industria* - a Campomanes es rebatida por el trabajo de : Urzainki, I y Ruiz de la Peña, A: *Periodismo e Ilustración en Manuel Rubín de Celis.* Centro de Estudios del siglo XVIII – Consejeria de Educación y Cultura del Principado de Asturias. Oviedo, 1983.
(40)Rodriguez Campomanes, P. *Discurso sobre la Educación Popular de los Artesanos y su Foment .* Imprenta Antonio de Sancha. Madrid, 1775. pp. 284-291.
(41)Jovellanos, G. M. " Informe de la Sociedad Económica de Madrid al Real y Supremo Consejo de Castilla en el expediente de Ley Agraria". Edita Sociedad Económica Matritense de Amigos del País. (nueva edición). Imprenta I. Sancha.Madrid,1820. Sobre la reforma agraria y los ilustrados, un resumen imprescindible es la aportacion de : Tomás y Valiente, F. *El Marco Político de la Desamortización en España.* Ariel. Barcelona,1984 .pp. 12-37. Sobre las desamortizaciones eclesiásticas en el reinado de Carlos III y Carlos IV, ver los precisos comentarios de : Sánchez Jiménez, J. Ob. cit. Tomo I. pp. 303-308.
(42) Sobre la Bascongada, ver Ruiz Torres, P. Ob. cit. pp. 486-487. En cuanto a la Económica Matritense: para su fundación y comentario de sus estatutos y fines, ver: Sempere y Guarinos, J. Ob. cit. 178-230. Casí todas las Sociedades contaron con un lema que incluian en sus emblemas y sellos. Sobre este tema hay un documentado trabajo de : González Echegaray, C. *Los Emblemas de las Sociedades Económicas de Amigos del País.* Edit. Real Sociedad Bascongada de los Amigos del País.Delegación en Corte. Madrid,1991.

respecto a su denominación o ámbito territorial o por loreducido de su territorio o población como fue el caso de la de Vara del Rey (43).

No obstante, y aun cuando el empeño constituyente de Sociedades es considerable, ya antes de finalizar la primera década desde la creación de las primeras Económicas, se constata un *decaimiento general* en las actividades y realizaciones sociales de los Amigos del País, lo que lleva incluso *a que el Rey Carlos III,* mediante dos Reales cédulas, una en 1785, y la otra en 1786, recomiende a las autoridades y Sociedades *estudiasen el caso* (44).

Rafaél Mª. De Labra, en los inicios del siglo pasado es el primero que elabora una periodización de las Sociedades Económicas estableciendo cuatro etapas : "[...] de 1775 a 1814; de 1814 a 1834; de 1834 a 1868, y desde el 1868 hasta nuestros días [1904] " (45). Y ciertamente, en todas y cada una de estas etapas se producen momentos - casi generalizados en todas las Económicas - de ánimo y desánimo, de actividad e inactividad prolongada. La periodización de De Labra resulta demasiado ceñida a los acontecimientos políticos acaecidos en el siglo XIX, no atendiendo quizás a aspectos económicos y sociales que indudablemente determinaron igualmente la existencia y actividad de las Económicas. Otras periodizaciones posteriores como las de Rosa Mª. González o Vicente Llombart sí perfilan estas consideraciones no exclusivamente políticas (46).

En cualquier caso ya a finales del siglo XVIII se hace patente que no cuaja el proyecto base de las Sociedades Económicas que defendieron Campomanes y otros ilustrados, en cuanto a que de éstas partiera la *extensión de la educación popular y las inversiones de ciudadanos con conciencia social y capital suficiente para invertir.* Estos ciudadanos de los sectores medios de la nobleza, hidalgos, clero y funcionarios eran en gran medida los integrantes de las Sociedades Económicas, y quienes las dominaban, y *no los comerciantes e industriales* (47).

Juan Sempere y Guarinos, en 1789, al juzgar la labor de las Sociedades Económicas, manifiesta, "[...] Yo no diré que las Sociedades Económicas han producido todo el bien que de ellas pudiera esperarse. Lejos de eso, muchas apenas han dado más pruebas de su existencia que la de haberse anunciado su fundación en la Gaceta y conservar su nombre y los de sus directores y secretarios en la Guía de Forasteros ". Y continua Sempere más adelante, " [...] la notoria protección que el Gobierno concede generalmente al establecimiento de las Sociedades, ha excitado a muchos a solicitar su fundación en pueblos, en donde no había proporciones para ellas, y sin encontrarse con las calidades necesarias para ejercer los empleos de directores, secretarios y censores, para los cuales no es bastante solo la buena

---

(43) De Demerson, P., De Demerson, J. y Aguilar Piñal, F. *Las Sociedades Económicas de Amigos del País en el Siglo XVIII.Guía del Investigador.* Edit. Patronato J.M. Quadrado. San Sebastián, 1974. p.257
(44)De Labra Cadrana, R. Mª. Ob. cit. p. 326. Las Reales cédulas, publicadas en la Gaceta de Madrid, son de fechas 9 de noviembre de 1785 y 27 de junio de 1786.
(45)Idem. Ob. cit. pp. 326-371
(46)González Martínez, R. Mª. *La Real Sociedad Económica de Amigos del País de León.* Edit. Caja de Ahorros y M. de Piedad de León. León, 1981.   Llombart Rosa, V. "Absolutismo e Ilustración: La génesis de las Sociedades Económicas de Amigos del País". Edit. Real Sociedad Económica de Amigos del País de Valencia. Valencia, 1979
(47)Lynch, J. Ob.cit. p. 193-211

intención y el celo, si éste no va acompañado de ilustración y actividad". Y añade, "La poca unión entre los individuos, los intereses particulares, la escasez de fondos y la multitud de objetos a que han querido extender sus miras, sin probabilidad de conseguirlos, han imposibilitado mucho más su ejecución ". Y finaliza, Sempere y Guarinos, " [...] Estas son las causas más radicales de que no hayan hecho mayores progresos algunas Sociedades Económicas y ninguno la mayor parte de ellas" (48).

(2) Siglo XIX :
   Las Sociedades Económicas de Amigos del País: El fomento de la ambición y la política

Las Cortes de 1789, ya en el reinado de Carlos IV, convocadas para el mes de mayo de ese año, y abiertas en septiembre, debían avanzar y consolidar la evolución política y económica animada por las ideas y proyectos ilustrados, pero los acontecimientos revolucionarios desatados en nuestra vecina Francia supuso, en palabras de García Escudero, el *rápido cerrojazo* de esas Cortes, y que *amedentrada* la monarquía, que era *el único apoyo* del movimiento reformista, *se lo retirase definitivamente* (49). La Revolución francesa llevó a Carlos IV a desarrollar una activa "protección" del país contra el *peligroso contagio revolucionario* (50).

En esta década final del siglo XVIII las Sociedades Económicas no autodisueltas, llevan un lánguido y cuidadoso pasar, y se producen contadas fundaciones de Sociedades en España e Hispanoamérica (51).

Los legisladores de Cádiz se ocuparán de animar el resurgimiento de las Económicas, fijando, eso sí, sus exclusivas funciones y límites de actuación, mediante decreto de 8 de junio de 1813. Este decreto dicta que retomen su actividad las Económicas ya establecidas, y que *se estableciesen otras en las capitales de provincia y pueblos principales en que no las hubiese.* De labra, al ocuparse del contenido de este decreto, destaca que " Las Sociedades Económicas no ejercían especie alguna de autoridad y que reducirían sus funciones a la formación de cartillas rústicas acomodadas a la inteligencia de los Labradores y a las circunstancias de los paises; a la producción de memorias y otros escritos oportunos para promover y mejorar la agricultura y cría de ganados y las artes y oficios útiles; [...], y a ilustrar a las Diputaciones y Ayuntamientos con sus observaciones en beneficio de estos ramos". Y en este sentido, De Labra, explica que ésta reducción de empeños viene determinada en razón a, por un lado, el *ensanche que se había dado a la acción municipal,* y, por otro lado, a la asunción de funciones y deberes por parte del Estado, para el desarrollo de la enseñanza que antes atendían las Económicas (52). Ciertamente, a la reducción de *empeños* de las Económicas que

---

(48)Sempere y Guarinos. J. Ob. cit. pp. 148-151
(49)García Escudero, J. Mª. *Historia Política de las dos Españas.* (4 tomos). Editora Nacional. Madrid, 1976. Tomo I. p. 43
(50) Sobre los efectos en España de los sucesos de Francia, está la primera crisis borbónica , ver: Lynch, J. Ob. cit. pp. 337-377.
(51)En España, se funda la Económica de Vejer de la Frontera (1791); al tiempo que se atienden trámites pendientes como la aprobación , en 1798, de los Estatutos de la Sociedad Económica Cantábrica de Amigos del País, aún cuando su solicitud de constitución arranca en 1775. En cuanto a Hispanoamérica , se fundan las Económicas de La Habana (1792), Guatemala (1795) y México (1799).
(52)De Labra Cadrana, R. Mª. Ob. cit. p. 32

comenta De Labra, hay que sumar que con el decreto de 1813, las Económicas, pierden parte fundamental de su inicial contenido y funciones - incluso de seña ideológica - otorgadas por Campomanes y el Real Consejo de Castilla. Sus nuevas funciones se centran prácticamente en la asesoría y la orientación en materia productiva para la agricultura y la ganadería local (53).

Fernando VII, quien en mayo de 1815 decreta la suspensión de toda la prensa nacional - a excepción de la Gaceta oficial y el Diario de Madrid – no obstante autoriza con carácter de excepción que la revista oficial que edita la Sociedad Económica Matritense, continue su publicación, así como también permite la libre difusión de las Memorias impresas de esta Económica. Y no es todo: un mes después, el 9 de junio de ese mismo año, el Rey decreta, que todas las Sociedades Económicas cuenten unos mismos Estatutos - *que serían los de la Matritense* - recomendando igualmente que se restablecieran las Sociedades a la fecha desaparecidas. Se fija también la *supremacía de la Sociedad de Madrid*, a la que *en todo caso* deben consultar las *provinciales* y, siempre, por su conducto llegar al Rey. Igualmente se ordena, como destaca De Labra," [...] la constitución de una Diputación permanente de todas las Económicas en la corte; Diputación que había de constituir un solo cuerpo, con un director electivo y un secretario perpetuo" (54).

Con estas disposiciones Fernando VII reconocía el valor de las Económicas que fundara su abuelo, y mantuvo su padre, pero, eso sí, ejerciendo sobre ellas un claro control político y burocrático desde la corte, a través de la Diputación y del *dirigismo madrileño* - que llama Enciso - de la Económica Matritense (55). No obstante, cabe señalar, que aún así - conocidos los acontecimientos posteriores y *vida contenida* de las Económicas durante su reinado - no llegan éstas a convertirse en meros *Aparatos Ideológicos del estado,* y ni tan siquiera en representante ideológico civil.

Con la restauración del régimen liberal, y durante su primer de gobierno 1820 – 1823, en palabras de De Labra, *vuelve la animación y la resonancia de las Económicas.*Y con este reestablecimiento del sistema constitucional se intensifica la actividad intelectual y política manifestándose abiertamente *la escisión que se está produciendo en las filas liberales*, y que da lugar a las llamadas Sociedades Patrióticas. Estas Patrióticas, detalladamente estudiadas por Gil Novales, tienen su principal cantera en las Económicas, aún cuando es preciso señalar, como apunta, Rosa Mª. González, que no eran una misma cosa (56).

La restauración del régimen absolutista en 1823, paraliza las actividades y

---

(53)Anes, G. (*Economía e Ilustración...*), Ob. cit. p. 40. Para Rosa Mª. González este carácter de las Económicas como meras instituciones de *asesoría y asistencia* toma aún un mayor carácter durante la segunda mitad del siglo XIX: Ob. cit. pp. 121-129.
(54)De Labra Cadrana, R. Mª. Ob. cit. p. 328-329
(55)Enciso Recio, L. M. Ob. cit. p. 57
(56) Gil Novales, A. *Las Sociedades Patrióticas (1820-1823).Las libertades de expresión y de reunión en el origen de los partidos políticos.* Editorial Tecnos. Madrid, 1975. Este trabajo de Gil Novales es ya un clásico sobre el tema, y es excelente en cuanto a su profundidad y detalle sobre estas sociedades. Las Patrióticas y las Económicas *no eran la misma cosa* : Gonzalez Martínez, R. Mª. Ob. cit. p. 105. No obstante sus caminos se entrecruzaran nuevamente con la fundación de liceos y ateneos en las décadas siguientes.

normal desenvolvimiento de las Económicas. Incluso, la Sociedad Matritense que desde abril de 1823 hasta octubre de ese mismo año convoca sus preceptivas juntas no logra reunirse ni una sola vez por falta de quórum (57). Durante los diez años siguientes no se celebraron juntas, y ya fallecido el rey Fernando, se recuperó cierta normalidad societaria celebrando el día 7 de noviembre de 1833, Junta extraordinaria de reinstalación de la sociedad (58).

Con la Regencia de María Cristina de Borbón da comienzo una nueva etapa de las Sociedades Económicas, que cubre cerca de siete lustros, exactamente, hasta 1868. Durante este largo período se produce la disolución de algunas Económicas y la fundación de otras, entre estas últimas, en 1839, la que es objeto de este trabajo: la Sociedad Económica de Amigos del País de Liébana (59)

De las disposiciones oficiales que interesan a las Económicas durante los primeros años de este período, destacamos el Real decreto de 2 de abril de 1835, en el que se sanciona un *reglamento general* para todas las Económicas, como también, entre otras limitaciones, que éstas *no podrían ocuparse de negocios políticos*. Contra estas *desconfianzas* reaccionan la gran mayoría de las Económicas, y éste decreto es sustituido por una Real orden de 14 de febrero de 1836, que reconoce a las Económicas la libertad de componer sus estatutos y excusa la intervención de la autoridad en su gobierno y actividades. Algunas Económicas consideran que ésta *aclaración* del Gobierno debía ser aprovechada para reclamar y obtener presencia y voz propia en las discusiones sobre asuntos económicos y sociales, *prescindiendo de su relación directa con las Artes, los Oficios y la Agricultura*, por lo que, con la Matritense a la cabeza, consideraron las Económicas la conveniencia de constituir cada una de ellas una sección especial de *Administración*, que obligaba a la reforma de los Estatutos. Este proyecto de reforma estatutario por el que trabajaron intensamente, en 1844, no cuajó (60).

Las Económicas en esta etapa comienzan a mudar abiertamente su génesis ilustrada en pos del bien público, para convertirse la gran mayoría de ellas en centros en donde encauzar - fundamentalmente las clases dirigentes - sus intereses y ambiciónes políticas y económicas. No obstante, hay que decir que, por supuesto, bastantes de las Económicas mantienen – cuanto menos en parte - sus funciones e interés por el desarrollo de la agricultura y la ganadería, y participan activamente en las exposiciones y ferias agrícolas, tanto nacionales como provinciales que comienzan a organizarse a mediados de siglo. Incluso elaboran un proyecto de *Código rural*, y emiten dictámenes sobre cuestiones y relevantes publicaciones agrarias como, por ejemplo, sobre el trabajo de Fermín Caballero, *Fomento de la Población Rural* (61).

---

(57)ARSEM. Legajo 317 / 6. Se da cuenta de la situación habida durante esos diez años en la "Memoria de tareas de la Sociedad   Económica Matritense desde 1.823 en que suspendió sus sesiones, hasta noviembre de 1833 en que fue reinstalada". Esta Memoria fue leída por en censor de la Sociedad, Sr. López de Olavarrieta, el 20 de diciembre de 1834.
(58)ARSEM. Libro de Actas de las Juntas de la Sociedad   Leg.110 /45. Junta de reinstalación de la Sociedad de 7 de noviembre de 1833
(59Junto a la de Liébana, en esta etapa surgen otras Económicas. Entre otras: Cartagena (1833); Béjar (1.834); Orihuela, Elche y Alcoy (1835); Palencia (1839); Mérida (1851), y Lorca (1862)
(60)De Labra Cadrana, R. Mª. Ob. cit. p. 331-334
(61)Caballero, F. : *Fomento de la Población Rural.*. Imprenta Nacional. Madrid, 1864. Caballero hace un estudio certero y completo sobre el estado de la agricultua española. Considera fundamental para su comercialización atender las comunicaciones y mejorar el estado de los caminos. Dice al respecto : "los caminos son a la agricultura lo que el motor a la mecánica: el motor no es la máquina, pero él es quien la pone en movimiento " (p. 168).

Un gran número de Económicas, a pesar de la negativa gubernamental de 1844 a ampliar sus funciones, mantienen vivo su interés y firme propósito por la reforma estatutaria y la ampliación de sus cometidos, y esta situación provoca varios desencuentros con los gobiernos de turno, debiendo destacar por su importancia el conflicto público surgido por la protesta de la Sociedad Económica Barcelonesa contra el empréstito forzoso de 600 millones de reales proyectado por el Gobierno, en 1865. A juicio de De Labra, este hecho fue para las Económicas de " [...] extraordinaria importancia para la determinación de su carácter histórico y de su porvenir como centro de influencia social " (62).

La protesta de la Sociedad Económica Barcelonesa fue contestada por el gobernador de Barcelona prohibiendo tratasen el asunto. Las Económicas en una acción corporativista encargaron a los *Amigos de la Sociedad* que tenían representación parlamentaria que plantearan la cuestión en las Cortes. El diputado Sr. Illas y Vidal presentó una proposición para ser discutida y votada : " El Congreso considera conveniente que se permita a las

Sociedades Económicas de Amigos del País emitan su ilustrado concepto sobre la conveniencia o inconveniencia del proyecto de anticipo de 600 millones". Del cruce de intervenciones, por su contundencia y claridad, vale reproducir la que efectuó el ministro de la gobernación, Sr. González Bravo, contestando al Sr. Illas y Vidal : "[...] la pregunta del Sr.Illas se reduce a lo siguiente:

¿ es lícito a las Sociedades Económicas de Amigos del País, según ley, ocuparse en discutir cuestiones que tengan carácter político inmediato?.El Sr. Illas cree que sí; el gobernador de Barcelona cree que no, y el ministro de la gobernación cree que no". La proposición fue votada nominalmente y por el resultado alcanzado, desechada por 145 votos en contra frente a 83 votos a favor (63).

Aún así, las Económicas no cejan en su empeño de reivindicar sus *derechos* para *discutir y representar sobre cuestiones económico-políticas*, y dirigen a las Cortes el 27 de marzo de ese año una exposición en este sentido, que no contó con la atención esperada.

La revolución de 1868, con la que se inicia una nueva etapa para las Económicas, no trajo facilidades para éstas – asegura De Labra - pues se encuentran en el escenario público *no pocos rivales*. Se solicita, *muy de tarde en tarde*, consulta a las Económicas y exclusivamente sobre *las materias de la antigüa competencia* (64).

Sin duda, la creación de organismos y secciones a nivel nacional, provincial y local para el fomento y la instrucción pública, va vaciando de contenido y eliminando las conexiones institucionales de las Económicas con el poder del

---

(62) De Labra Cadrana, R. Mª. Ob. Cit. P.337
(63)*LA EPOCA*, del 14 de febrero de 1865
(64) De Labra Cadrana, R. Mª. Ob. cit. pp. 339-340 . En 1869, se introducen por Ley algunas modificaciones en los estatutos de las Económicas: aunque se mantiene la figura de director, surgen las figuras de presidente y vice-presidente, eliminándose los cargos de censor, vice-censor y contador. Se crea el cargo de archivero-bibliotecario. Los cargos pasan a renovarse cada 2 años, y no anualmente como venía siendo. Las *Comisiones*, que articulaban el trabajo de la Sociedad, pasan a denominarse *Secciones*. Sobre estas modificaciones, ver: Enciso Recio, L. M. Ob.cit. pp. 574-575

gobierno, reduciendo considerablemente la influencia social y política de las mismas.

Los primeros datos estadísticos agrupados y oficiales con los que contamos sobre las Sociedades Económicas, que interesan al número de Económicas y de socios a nivel nacional, corresponden a la década de 1861 a 1870 (ver cuadro 1). Ese primer año cuenta con 32 Sociedades y 4.478 socios, sin que se especifique la calidad de éstos últimos, que pueden ser de *número* (residentes en la localidad), *corresponsales* (en otras provincias o incluso en el extrajero) y de *mérito u honor* .

En 1867 se alcanza el mayor número de sociedades del periodo - 40 - en tanto que el número de socios suma 5.860. Al final del bienio 1868-1869, el número total de sociedades se reduce a 36, y el de socios a 4.881; y cerrado el año 1870, aún siendo el mismo número de Sociedades - 36 - el crecimiento de socios resulta espectacular, pues alcanza el número de 6.280.

CUADRO - 1

AÑO	SOCIEDADES ECONOMICAS DE AMIGOS DEL PAIS		
	NÚMERO DE		
	SOCIEDADES	SOCIOS	SECCIONES
1861	32	4.478	122
1862	35	4.783	153
1863	35	5.199	155
1864	38	5.012	146
1865	38	5.391	145
1866	39	5.904	150
1867	40	5.860	154
1868	39	5.511	145
1869	36	4.881	171
1870	36	6.280	183

Fuentes: Para el período 1861-1867. I.N.E. Anuarios Estadísticos de España, de 1860-61; 1862-65 y 1866-1867. Para los datos del período 1868-1870, Gaceta de Madrid, del 16 de diciembre de 1873.
Nota: Los anuarios estadísticos iniciaron su publicación en 1859, pero no tuvieron continuidad en su publicación por lo que encontramos grandes lagunas, produciéndose saltos que, en algunos casos, corresponden a períodos de más de 20 años.

Es importante para interpretar correctamente este incremento de 1.399 socios en un año desglosar por la calidad de los mismos y por provincia (ver cuadro 2).

Cerca de un 41% de los socios, en 1870, son de clase *correspondiente*, residentes en España o el extranjero, por lo que resultaba difícil su participación activa en las Juntas, trabajos, etc. Hay casos llamativos como los de las Económicas de Baleares, Cádiz, Granada, Madrid, Málaga, Oviedo, Zamora y Zaragoza, que cuentan con más socios *correspondientes* (residentes fuera de su territorio), que de numerarios (residentes en el territorio de la Económica). Pero si en 1870 se produjo un espectacular crecimiento del número de socios, en la *reseña geográfica y estadística de España de 1888*, se recoge que en 1882 - sólo en 12 años - el número de socios había experimentado un crecimiento de un 51,82 % alcanzando la cifra de 11.079, encuadrados en 46 Económicas (ver cuadro 3).

Lamentablemente no podemos contrastar estos datos de 1888 con estadísticas agrupadas posteriores, pues el siguiente anuario fue publicado en 1912, no apareciendo referencia estadística de las Económicas (65).

CUADRO - 2

			SOCIEDADES ECONOMICAS DE AMIGOS DEL PAIS AÑO 1870		
PROVINCIA	SOCIEDADES	NUMERO DE			
		SOCIOS			
		DE NUMERO	CORRESPONDIENTES EN ESPAÑA	CORRESPONDIENTES EN EXTRAJERO	TOTAL SOCIOS
ALMERIA	1	75	66	2	143
BADAJOZ	2	48	15	-	63
BALEARES	1	48	49	2	99
BARCELONA	1	159	130	1	290
CADIZ	2	83	203	4	290
CANARIAS	4	321	2	150	473
CORDOBA	2	330	48	8	386
CORUÑA	1	125	99	-	224
GRANADA	1	146	224	1	371
HUELVA	1	85	40	-	125
JAEN	2	168	32	-	200
LEON	1	280	11	-	291
LERIDA	2	219	45	3	267
MADRID	1	253	250	28	531
MALAGA	1	78	65	25	168
MURCIA	3	386	132	1	519
NAVARRA	1	31	9	-	40
OVIEDO	1	30	40	-	70
PALENCIA	1	120	2	-	122
SANTANDER*	1	29	4	-	33
SEVILLA	1	96	18	20	134
SORIA	1	37	4	-	41
TOLEDO	1	47	-	-	47
VALENCIA	1	458	204	38	700
ZAMORA	1	66	208	-	274
ZARAGOZA	1	28	87	255	370
TOTAL	36	3.746	1.996	538	6.280

Fuente: Gaceta de Madrid, 14 de diciembre de 1873
*La Económica existente en este año en la provincia de Santander es la *Sociedad Económica de Amigos del País de Liébana*

---

(65)Como apunte y referencia, conforme la Memoría Estadítica de las entidades agrícolas de la Dirección General de Agricultura y Montes, y que incluye, al menos ese año 1924, a las Económicas entre dichas entidades, señala la existencia de 41 Sociedades Económicas

CUADRO - 3

SOCIEDADES ECONOMICAS DE AMIGOS DEL PAIS COMPARATIVO AÑOS 1882 Y 1870			
NUMERO DE	AÑO 1882	AÑO 1870	DIFERENCIA EN 1882
SOCIEDADES	46	36	+ 10
SOCIOS	11.079	5.742 (*)	+ 5.337
BIBLIOTECAS	38	24	+ 14
LIBROS	51.826	28.879	+ 22.947

Fuente : I.N.E. Reseña Geográfica y Estadística de España, 1888
(*) La cifra es menor a la publicada en 1873, y que recoge nuestro Cuadro – 2

No obstante este crecimiento espectácular puede tener exclusivamente razones electorales y políticas, pues con la restauración borbónica, la Ley electoral de Senadores y organización del Senado, de fecha 8 de febrero de 1877, otorga a las Sociedades Económicas el derecho a designar un total de cinco Senadores, uno por cada una de las cinco zonas que fija la Ley y en la que encuadra a las Económicas existentes, y que encabezan Madrid, Barcelona, León, Sevilla y Valecia. La elección se realiza por medio de compromisarios elegidos a razón de uno por cada 50 electores, que lleven mínimo tres años de antigüedad dentro de la Sociedad respectiva. En 1879 se extiende este derecho a las Económicas de Cuba y Puerto Rico (66).

Este derecho, aún cuando De Labra considera que beneficia la posición de las Económicas, sume aún más a estas sociedades en el juego e intereses - la más de las veces poco *limpios* - de la política partidista y clientelar del momento . Y tanto es así, y el fraude tan notorio, que con motivo de una consulta de la Económica de Sevilla elevada al ministerio de la gobernación, obliga a éste a dictar una Real orden, en la que la sección de gobernación del Consejo de Estado, informa que aún considerando que la Ley electoral no distigue entre las clases de socios - lo que permite incluso que los de clase de *correspondiente puedan pertencer a más de una Económica* - entiende que la votación en la sede social de cada Económica debe efectuarse *personalmente por cada socio, no procediendo la delegación de voto.* Sin

---

(66)Gaceta de Madrid, Ley para la Elección y organización del Senado, publicada el 10 de febrero de 1877. Sobre esta reforma es muy interesante consultar : Sebastián López, J. L. *Cánovas y la Reforma del Senado. Las Primeras Cortes (15-febrero-1876 / 5 de febrero de 1877).* Edit. Entinema .Madrid, 2007. Sobre las Económicas que componen, en ese momento, cada *región*, ver: De Labra Cadrana, R. Mª. Ob. cit. P. 341

conclusión ni propuesta de acción a ejecutar por parte del gobierno (67).

Por los datos correspondientes a compromisarios para la elección a Senador de las Económicas, que conforman la zona de León, podemos observar que poca o ninguna precaución observaron las Económicas de esta región ante lo expuesto en la Real orden arriba citada, pues salvo las Económicas que pasan a una clara situación de inactividad, como es el caso de la de Liébana, la mayoría de ellas incrementan muy sustancialmente el número de compromisarios. (Cuadro – 4).

Del inicio de la restauración borbónica al final del siglo XIX, las Económicas viven institucionalmente entre *el crédito y el descrédito* - permítaseme usar parte del acertado subtítulo de la brillante obra que José Luis Sánchez dedica a la Económica de Palencia -, pues habiendo Económicas que algo o mucho tenían que preservar de un fructífero pasado - sobre todo por su acción cultural e intelectual - el resto poca o ninguna obra positiva tenían que conservar en favor del bien común.

CUADRO - 4

Nº. DE COMPROMISARIOS Y APROXIMACION NUMERICA DE LOS MIEMBROS QUE INTEGRABAN LAS SOCIEDADES ECONOMICAS ACTIVAS DEL COLEGIO DE LEON (SIGLO XIX)								
FECHAS DE LAS CONVOCATORIAS DE ELECCIONES PARA SENADORES	SOCIEDAD ECONOMICA DE AMIGOS DEL PAIS DE							
	BEJAR	LEON	LIEBANA	OVIEDO	PALENCIA	SANTANDER	SANTIAGO COMPOSTELA	ZAMORA
Mayo 1879	-	3 (150)	1 (50)	1 (50)	2 (100)	1 (50)	5 (250)	1 (50)
Stbre. 1881	-	3 (150)	1 (50)	1 (50)	2 (100)	-	5 (250)	1 (50)
Mayo 1884	1 (50)	3 (150)	1 (50)	-	3 (150)	1 (50)	7 (350)	1 (50)
Abril 1886	1 (50)	3 (150)	1 (50)	1 (50)	3 (150)	1 (50)	-	1 (50)
Febr. 1891	-	-	-	-	-	-	-	-
Marzo 1893	3 (150)	4 (200)	-	1 (50)	7 (350)	3 (150)	7 (350)	1 (50)
Abril 1896	3 (150)	4 (200)	-	-	-	2 (100)	8 (400)	1 (50)
Abril 1898	3 (150)	5 (250)	-	1 (50)	-	-	9 (450)	1 (50)
Abril 1899	3 (150)	3 (150)	-	-	3 (150)	-	9 (450)	1 (50)

Fuente: J. L. Sánchez, Ob. cit. p.50
Nota: Se reproducen los datos que interesan al Siglo XIX. Es de advertir que en los años que no aparece designación de compromisarios puede deberse a razones internas o incumplimiento de plazos por parte de las Económicas, o que el número de socios es inferior a 50. Aunque en este último caso se dieron irregularidades, como en el de *Liébana,en 1879, con 29 socios y un compromisario.* J. L. Sánchez, quien obtiene estos datos del Senado (legs. 80,147,199,237,331 y 389), advierte que el acta correspondiente al año 1891 no se conserva.

---

(67)Gaceta de Madrid. Real Orden.Ministerio de la Gobernación, de 2 de diciembre de 1882. Sobre el *Colegio de León*, número de compromisarios y la designación de Senadores en esa zona creada, ver: Sánchez, J. L. *La Sociedad Económica de Amigos del País de Palencia..Las elites entre el crédito y el descrédito (SS. XVIII-XX)*. Edit. Excma Diputación Provincial de Palencia. Palencia, 1993. pp 49-51. También en la provincia de Palencia, en 1794, tuvo lugar la fundación de la Sociedad Económica de Amigos del País de Herrera de Pisuerga. Ver: Cillán Otero, L. F. "Las Sociedades Económicas de Amigos del País de Palencia en el siglo XVIII", en *Actas I Congreso de Historia de Palencia. .Edad Moderna y Edad Contemporánea*. Diputación Provincial de Palencia. Palencia, 1987.Tomo III. pp. 599-606.

La sociedad española de la última mitad del siglo XIX era social, económica y políticamente mucho más compleja que la existente un siglo atrás, y funciones con las que nacieron las Económicas, un siglo después eran atendidas desde una base de cualificación y profesionalidad por nuevas instituciones más fléxibles y dinámicas en su estructura como, las Cámaras de Comercio, Industria y Navegación (año 1886), o las Asociaciones y Cámaras Agrarias (año 1890).

En el siglo XIX, del que Sullerot dice que *cuanto más se aleja en la bruma de la historia más se agiganta*, las Sociedades Económicas - caducado su tiempo, sobre todo a partir de 1868 - con mayor o menor empeño y éxito se convirtieron en muchos casos en simples centros de encuentro de muchos de los ciudadanos prominentes de sus respectivas localidades y territorios. Y a éstos - siempre atentos a incrementar sus patrimonios y ampliar o consolidar sus negocios - se sumó un no desdeñable número de funcionarios y profesionales ávidos de poder político y dinero.

Ciento veinticinco años después de su instauración - finales del siglo XIX - las Económicas eran aún *círculos* abiertos exclusivamente a las clases propietarias y dirigentes, y hasta el año 1910, y a propuesta de la Real Sociedad Matritense, no se comienza a contemplar *la posibilidad* de que a esos *templos del fomento del bien público* pudieran acceder otras clases sociales menos favorecidas materialmente, para aportar sus ideas y esfuerzo por el desarrollo y bienestar de toda la sociedad (68).

---

(68)ARSEM. Legajos 663/3 y 665/1. Entre los temás propuestos a debate para la II Asamblea Nacional, celebrada en Madrid del 15 al 18 de diciembre de 1910, figuraba el de considerar o no *la conveniencia de que el elemento obrero pueda entrar a formar parte de las Sociedades Económicas.* El acuerdo adoptado fue que sí, pero *dejando en libertad a las Sociedades para que elijan ellas el mejor medio para conseguirlo.*

PARTE - III

LIEBANA, SOCIOLOGIA DE UNA COMARCA

Apunte general histórico, económico y social (Siglo XIX)

A modo de entrada

La Liébana visigoda, asturiana de Santillana, leonesa, castellana, cántabra y, siempre, muy suya, es un territorio significativamente condicionado por sus características geográficas, que han resultado determinantes en la creación y sostenimiento de un carácter propio y diferenciado - social y económicamente - respecto de otros territorios vecinos, o no vecinos, encuadrados en la misma entidad territorial superior administrativa y política, a las que ha pertenecido Liébana a lo largo de su historia (69).

En cuanto a las características geográficas, Liebana se encuentra en el extremo sudoccidental de Cantabria, entre Picos de Europa, Peña Vieja, Piedrasluengas y Peña sagra. Limita con las provincias de León, Palencia y Asturias, contando con una superficie de 556,3 Km2. Emilio Arija, al describir la comarca de Liébana dice que ésta " [...] es como un diminuto país enquistado en el corazón de la región cantabrica"; y continua: "Liébana es una depresión tectónica de 300 metros de altitud rodeada por un cinturón montañoso con cumbres que frecuentemente rebasan los 2.000 metros. En el fondo de la depresión un clima mediterráneo permite la producción de vid, frutales de hueso y pepita, higueras, moreras, alcornoques y hasta algunos pies de olivo; según se asciende desde el fondo de la depresión hacia la periferia montañosa se pasa rápidamente por una gama climática que varía con la altura hasta alcanzarse los climas alpinos de alta montaña. El cierre comarcal es firme por la conformación orográfica entorno a la depresión, y el contacto con el exterior se establece a través de una serie de altos puertos de montaña o de estrechos y profundos desfiladeros, [...], la población se concentra en el fondo de la depresión de los cursos de los ríos Deva, Quiviesa y Bullón. En el punto de las tres corrientes se encuentra Potes, capital y mercado de la comarca lebaniega" (70).

A Liébana pertenecen cuatro valles, siendo la denominación actual de éstos: Camaleño, Vega de Liébana, Pesaguero y Cillórigo de Líebana. Estos valles, desde 1867, agrupan la totalidad de sus concejos, pueblos y lugares en siete Ayuntamientos: Cabezón de Líebana, Camaleño, Cillórigo, Pesaguero, Potes, Tresviso y Vega de Liébana. Sobre este punto cabe decir que antes de 1822, existía un octavo Ayuntamiento que era Espinama, que ese año es incluido en el de

---

(69) Sobre la pertenencia de Liébana a los reinos de Asturias, León y Castilla, ver: Sánchez Albornoz, C. *Los orígenes de la la nación española* . *Estudios críticos sobre la historia del reino de Asturias.*(3 volumenes) . Instituto de Estudios Asturianos. Oviedo, 1972. Para la Liébana leonesa, resulta una interesantísima y documentada obra la de Villanueva Lázaro, J. Mª. *La Cantabria Leonesa.* Ediciones Lancia. León, 1990. Sobre la castellanía de Liébana, ver, Martínez Díez, G. *El Condado de Castilla (711-1038). La Historia frente a la Leyenda.* (2 Tomos).Edit. Junta de Castilla y León / Marcial Pons Ediciones de Historia. Valladolid, 2004. p. 17; y, AA.VV. *Historia de Castilla. De atapuerca a Fuensaldaña.* Juan Jose García Gonzáles (Dir.). Edit. La Esfera de los libros.Madrid, 2008
(70) Arija Rivarés, E. *Geografía de España* (5 Tomos). Espasa-Calpe. Madrid, 1983. Tomo IV. pp. 129-133.

Camaleño, pasando Espinama en 1836 a ser de nuevo Ayuntamiento hasta que en 1868, nuevamente, queda integrado como Concejo en el de Camaleño.

No es objeto de este apunte general ocuparnos de la Liébana universal del Santo Toribio, ni de la feróz población resistente a Roma y a los fieles de Mahoma, ni de su papel ilustre en la Reconquista y en la guerra de la Independencia. Tampoco de si Liébana es o no es solar de nacimiento de Don Pelayo (71). Nos interesa - aun resumidamente y con carácter general - mostrar la Liébana del siglo XIX, para fijar el marco histórico, social y económico en el que actúa su Sociedad Económica de Amigos del País, en ese período. Y conocer la auténtica realidad, también desde una perspectiva sociológica, de la comarca lebaniega, y el padecimiento de extrema pobreza y abrumadora desigualdad social en que vive la gran mayoría de su población; y también nos interesa *desenmascarar* con ello el discurso repetitivo - ya hoy no tan débil o aislado - que loa tiempos pasados de esta tierra en particular, y de Cantabria en general, con literarias y falsas estampas de una *arcadia feliz* y que, como apunta Suárez Cortina - ya en el año 1995 al referirse a ese *regionalismo perediano* -, "[...] deviene hoy en día en estímulo activo de una recuperación del pasado que en sus fervores más extremos constituye toda una invención de la tradición " (72).

1) **Notas para una historia política**

Antes de nada es imprescindible indicar que la comarca de Liébana, por sus peculiaridades geográficas y económicas, en la Baja Edad Media tiene consideración de Merindad y, ya en la época moderna, bajo el sometimiento del

---

(71) Este tema sobre el posible nacimiento de Don Pelayo en Liébana es pólemica añeja – aún hoy sustenta publicaciones - y de ámbito reducido en su discusión. La recoge y se posiciona , el periodista Ildefonso Llorente Fernández, ver su libro : *Recuerdos de Liébana*. Imprenta M. Tello. Madrid, 1882 (edición fascímil Editorial Maxtor.Valladolid, 2008). pp. 218-251. Al respecto, el historiador y académico lebaniego, Eduardo Jusué, manifiesta que " [...] con pueril empeño han defendido algunos escritores montañeses creyendo así dar más Gloria a Liébana, que en esta región nacieron don Pelayo y don Favila. No hay fundamento ninguno para tal afirmación". Estas palabras se recogen en el libro : "la Voz de Liébana". *Liébana y los Picos de Europa*. Tipografía de La Atalaya. Santander, 1913 (edición fascimil Editorial Maxtor. Valladolid, 2001). pp. 1-2

(72) Suárez Cortina, M. "José María de Pereda. Tradición, regionalismo y crítica de la modernidad", en *Estudios sobre la sociedad tradicional cántabra. Continuidades, Cambios y Procesos Adaptativos*. Antonio Montesinos Gonzalez (ed.) . Universidad de Cantabria/ Asamblea Regional de Cantabria.Santander, 1995. p.321. Sobre este regionalismo literario y la "invención de la tradición", igualmente muy interesante, ver: Montesinos González, A. " La Comunidad imaginada. Etnicidad, sociedad tradicional y actual invención de la tradición en Cantabria", (en *Estudios sobre la sociedad tradicional cántabra.Continuos Cambios y Procesos Adaptativos*) . Ob. cit. pp.1 3-90 . Hubo y hay – máss acusadamente - un empeño por determinados círculos, algunos variopintos, de mostrarnos una Cantabria tradicionalmente sin conflicto y con particulares valores de justicia en lo social y en lo económico. Una *arcadía* próspera productora de una felicidad general . El *amo* es padre y el que nada tiene es *hijo*. Es un discurso decimonónico que aún hoy alimenta descaradamente textos de instituciones o guías turísticas. El escritor montañés José María Pereda, faro más que literario de esa *invención de una tradición cántabra*, es ejemplo - y no exclusivo - de una parte de la burguesía mercantíl santanderina que se beneficiaba fabulosamente del modelo económico liberal, colaborando incluso para su sostenimiento, pero contraria a desmantelar el orden social tradicional : liberalismo económico sí , liberalismo en lo político, lo social o lo moral, no. Eran prácticantes muy interesados de un *liberalismo instrumental*. Sobre este concepto de *liberalismo instrumental* , ver el ya clásico y excelente trabajo de: Suaréz Cortina, M. *Casonas ,hidalgos y linajes. La invención de la tradición cántabra.*Universidad de Cantabria/Editorial límite. Santander, 1994. Sobre esta ambivalencia, el caso de Pereda, lógicamente por la temática de su producción literaria, es si se quiere el más llamativo y extraordinario, pues cuesta imaginarle los largos veranos en su casona exaltando con su pluma la *Montaña tradicional*, y componiendo discursos y artículos periodísticos carlistas, y el resto del año en Santander convertido en un importante empresario del nuevo y moderno orden económico al frente de tan diversos intereses como las manufacturas o las finanzas, que incluso, temporalmente, le llevaron a ser presidente del consejo de administración del Banco de Santander, tal y como recogen , Guitiérrez Sebares, J. A. y Hoyo Aparicio, A. *Testigo de una época : el Banco de Santander en la economía de Cantabria 1857-1945*. Edit. Amalienborg. Santander, 2006. Para *desenmascarar* este discurso en el particular caso lebaniego sólo basta estudiar los excelentes trabajos sobre la comarca, de autores, entre otros, como Ramón Lanza, Juan Baró, Javier López Linage y Manuel González .

régimen señorial, su gobierno y administación corresponde a un órgano rector constituido por la Juntas Generales de la Provincia de Liébana, a las que, como recoge y destaca Baró Pazos, "[...] la Ordenanza de Potes de 1.619 (Cap. 11), denomina "Ayuntamiento de Provincia", que estaría presidido por el Corregidor, que en territorio lebaniego "pone su excelencia el Duque del Infantado". Con esta consideración de *provincia,* y sus particulares ordenanzas y leyes de carácter local y supralocal, participa Liébana en las Juntas generales que a lo largo del siglo XVIII celebran Villas y Valles cántabros para tratar problemas y asuntos que les son comunes (73).

Durante el siglo XVIII, Las cuatro villas de la costa de la Mar, o los nueves valles de las Asturias de Santillana y Santander, con su *propia vía de unificación* para Cantabria, llevan a cabo diversos intentos para constituirse en provincia dejando de depender administrativamente de Burgos, pero no fue definitivamente hasta 1833, con la reforma administrativa impulsada por el ministro Javier de Burgos, cuando nace la provincia de Santander, quedando constituida como una de las ocho que integraban Castilla La Vieja. No obstante, hay que significar que ya en el siglo XVIII la dependencia administrativa, concretamente de Santander respecto de Burgos, fue limitándose a lo largo de ese período no ya sólo con la creación del obispado de Santander, 1754, sino muy especialmente con la creación en 1785 del Real Consulado del Mar, en detrimento del Consulado de Burgos (74).

La política reformista de los primeros Borbones favoreció considerablemente a Cantabria, en concreto a Reinosa y Santander. A la primera con la apertura del camino de Reinosa, 1753, y a la segunda concediéndola el título de ciudad, 1755, y elevándola a sede obispal, como ya hemos apuntado y, sobre todo, autorizando, en 1765, a su puerto - *en detrimento del de Bilbao* - comerciar directamente con Cuba, Puerto Rico y otras posesiones en América. Pero, además, incluso en la constitución de su Sociedad Económica de Amigos del País, fue favorecida para su autorización la promovida en Santander frente a la promovida en Burgos.

En este primer tercio del siglo XIX la historia política local lebaniega está condicionada por los diferentes sucesos políticos y bélicos que se viven en toda España: la guerra de la Independencia; las Cortes de Cádiz; la reacción y la revolución en el período 1814-1823, que marca con especial relevancia el comienzo de la fracturaideológica entre bandos irreconciliables, que mantendrá larga vigencia posterior y que, en esos momentos, se materializa en la comarca, con la constitución de la milicia *Voluntarios Realistas de Liébana*, al mando de

---

(73) Baró Pazos, J. *Derecho y Administración en Liébana.Época moderna.* Cuaderno didáctico editado con motivo de la Exposición, " La vida cotidiana en una aldea lebaniega, siglos XVIII y XIX ". Diputación Regional de Cantabria / Universidad de Cantabria. Santander, 1991. pp. 16-17. Del mismo autor, ver: " Conflictividad y representación en el Concejo de Potes en la época moderna", en *I Encuentro de Historia de Cantabria en 1996.* Edit. Universidad de Cantabria /Gobierno de Cantabria. Santander, 1999. pp. 815-836 . Sobre este tema destacamos el trabajo de : Casado Soto, J. L. *La provincia de Cantabria. Notas sobre su constitución y Ordenanzas (1727-1833).* Centro de Estudios Montañeses Santander, 1979. Otro trabajo es: Estrada Sánchez, M. *Provincias y Diputaciones: La Construcción de la Cantabria Contemporánea (1799-1833).* Universidad de Cantabria.Santander, 2006

(74)Ver : Bolado Rodrigo, A. "Las instituciones administrativas en el siglo XVIII", en *Cantabria en los Siglos XVIII y XIX. Sociedad, Cultura y Política.* M.A. Sánchez Gómez (Coord.). Ediciones Tantin. Santander, 1986. pp. 154-156. Fernández Benítez, V. " La Constitución de la provincia de Santander", en (*Cantabria en los siglos XVIII y XIX..Sociedad,Cultura y Política.*), Ob.cit. p. 15. Para el Consulado de Santander, ver : Izquierdo de Bartolomé, R. "El Real Consulado del Mar de Santander y las Comunicaciones Terrestres en Cantabria", en *Mercado y desarrollo económico en la España contemporánea.* Tomás Martinez Vara (editor). Siglo XXI Editores / Junta del Puerto de Santander. Madrid, 1986. pp. 159-176.

Manuel de Colmenares y Prellezo, a la que se *alistaron 1.597 hombres*; en tanto que en el otro extremo – parece - actuaba una *Sociedad Económica-Patriótica de Potes*. Es muy probable que no fuera en ningún momento constituida formalmente ésta patriótica, pero sí que su génesis y miembros guardaran relación con la Junta subalterna de Amigos del País con que contaba desde 1799, en esa localidad, la Sociedad Económica Cantábrica de Amigos del País (75).

Con la muerte de Fernando VII, y establecida la Regencia de la reina María Cristina, se producen sublevaciones carlistas en diversas ciudades que son inició de un período convulso en la historia española: motines y pronunciamientos militares; la desamortización del ministro Mendizabal – año 1836 - ; la promulgación de un Estatuto Real – año 1834 - y de una Constitución - año 1837-, y la abolición de los señoríos, ese mismo año. Todo ello, y mucho más, envuelto en la cruenta primera guerra carlista, que tuvo también a Liébana por escenario, y que finaliza, más allá del convenio de Vergara, en mayo 1840. Seis meses antes de esa fecha, en diciembre de 1839, se funda en la localidad de Potes, la Sociedad Económica de Amigos del País de Liébana (76)

Durante este período, en Liébana, se *organizan* y actuan tres facciones políticas claramente alineadas, cada una de ellas, con los idearios absolutista, moderado y progresista, éste último de raíz doceañista. Prácticamente hasta 1874, estas dos últimas facciones acapararan el poder en la Comarca. Los liberales moderados, que materializan su programa en la Constitución de 1845, e integrarán en gran parte la Unión Liberal en 1856, es la facción mayoritaria en Liébana y la componen terratenientes y hombres de negocios, la mayoría de ellos prácticantes de un *liberalismo instrumental*. Grupos familiares - según Estrada - [...] como los Linares, Gómez de Enterría, Gutierrez de Caviedes, Arenal, Josué o Sánchez de las Cuevas serán los detentadores de los resortes de la Administración durante la mayor parte del período [...]", junto con otros importantes miembros de esta clase dominante, como de La Madrid – Matías - y Fernández Campillo, sustentados por una base de partidarios unidos a los próceres por lazos de puro y duro clientelismo político y económico (77).

---

(75) Sánchez Gómez, M. A. " La guerra de la Independencia en Cantabria" (*Cantabria en los siglos XVIII y XIX.Sociedad, Cultura y Política*). Ob. cit. pp. 161-173. En lo que interesa a Liébana, ver : Llorente Fernández, I. Ob. cit. pp. 100-110. Sobre los Voluntarios Realistas en Cantabria, ve r : Sánchez Gómez, M. A. *Sociedad y política en Cantabria durante de Fernando VII. Revolución liberal y reacción absolutista*. Ediciones Tantin. Santander, 1989. Breve, pero interesante, ver también sobre los Voluntarios Realistas en Liébana : "La Voz de Liebana" (*Liébana y los Picos de Europa*), Ob.cit. pp. 14-19. Respecto a la *Sociedad Económica-Patriótica de Potes*, significar que es citada su existencia como tal, por Gil Novales (ver nota 56). La titulación de Económica-Patriotica, siguiendo igualmente a Gil Novales, fue también usada por otras Sociedades. En los Estaturos aprobados el 10 de mayo de 1820, siendo su Presidente D. Luis de los Rios, la Patriótica de Santander no hace mención ni a Sociedad Económica alguna, ni contempla la existencia de sociedades subalternas en otras localidades, ver: "Sociedad Patrótica de Santander". *Estatutos de la Sociedad Patriótica de Santander*. Imprenta Clemente Mª. Riesgo. Santander, 1820.
(76) Sánchez Gómez, M. A. "Pervivencias feudales en Cantabria. El caso del señorío en la crisis del antiguo régimen",en (*Estudios sobre la sociedad tradicional cántabra...*). Ob. Cit. pp. 91-122. Es un trabajo excelente y clarificador sobre los señorios en Cantabria.
(77) Sobre la vida política y electoral en Liébana, para el período 1834-1868, ver : Estrada Sánchez, M. *La lucha por el poder: Derecho de sufragio y fraude electoral (Liébana 1834-1868)*. Edit. Parlamento de Cantabria / Ayuntamiento de Camaleño. Santander, 1999. pp. 25-82. De este mismo autor y ampliando el período a 1874, ver : Estrada Sánchez, M. " ¿Cambio o continuidad?. Los grupos políticos en la Liébana del siglo XIX (1834-1874)", en, *La Liébana.Una apróximación histórica*. M. Estrada Sánchez y M. A. Sánchez Gómez (eds.). Edit. I.E.S. "Jesús de Monasterio" de Potes. Torrelavega, 1996. En lo que interesa a Cantabria,ver : Fernández Benitez, V. " La consecución de un modelo liberal. El reinado de Isabel II. 1833-1868" (*Cantabria en los siglos XVIII y XIX.Sociedad,Cultura y Política*). Ob. cit..pp. 198-216 . Para España, ver: Sanchez Jiménez,J. Ob. cit. pp. 371-455 (tomo I) ; Artola, M. *Partidos y Programas Políticos, 1808-1936* (2 Tomos). Alianza Editorial. Madrid, 1991. Tomo I. pp.218-278.

La revolución de 1868, que supone la abdicación de Isabel II, y materializa sus aspiraciones con la Constitución de 1869, quebró definitivamente a un *agonizante* partido moderado, y algunos de sus hombres - a lo largo del sexenio democrático - pasarán a las filas del carlismo, que aprovecha las libertades democráticas para extender sus juntas locales y de distrito implantándose también en Liébana, principalmente en Potes. La Unión Liberal tampoco salió bien parada de la revolución, y la muerte en 1867 de su creador e impulsor O'Donnell, favoreció la colaboración de muchos de sus dirigentes con los progresistas y demócratas, que recogían una España exhausta de corrupción y en una situación económica de *crisis* ya instalada desde 1866 (78).

Durante el Sexenio, prácticamente con periodicidad anual hubo elecciones generales, y los resultados del distrito de Cabuérniga - en el que se integra Liébana - se ajustaron a la influencia del gobierno de turno, salvo en la consulta de 1871 en la que sale triunfador, por el partido carlista, José Mª. de Pereda, lo que no deja de confirmar el fuerte control local y clientelismo, *que en la restauración se convirtiría en el elemento circunstancial al régimen*: el caciquismo. Sin embargo, en las elecciones de 1873 - en las que destaca una amplísima abstención - fue electo el posteriormente seguidor de Castelar, el diputado Fernández Castañeda.

En Liébana, como en el resto de Cantabria, el Sexenio democrático, y sobre todo la I República, había provocado, como apunta Merino Pacheco, " [...] el repliegue de las clases dominantes que, si nunca vieron peligrar seriamente su posición por el establecimiento formal de las libertades democráticas y el sufragio universal, sí que mostraron su malestar ante las alteraciones del orden protagonizadas por los grupos más radicales del republicanismo [...]". Fracasado el régimen republicano, con una nueva guerra carlista en curso y el conflicto de insurrención armada - *la guerra larga* - en la colonia cubana, las clases dominantes cántabras recibieron a Alfonso XII, y el régimen Canovista, con alivio y seguras que la Restauración garantizaba sus intereses (79)

La restauración borbónica en la persona de Alfonso XII, 1875, por acción de Cánovas y del ejercito – el típico golpe de estado - en principio, supone un episodio más de la truculenta vida política española que desde décadas atrás se encuentra modulada e intervenida directa o indirectamente por las oligarquías políticas y económicas.

El régimen de la Restauración en su *propósito conciliador* de la tradición y modernidad, que señalan Espadas Burgos y de Urquijo Goitia, plantea y desarrolla en el último tercio del siglo XIX, un proyecto político que recorta los ideales de la revolución de 1868, y alarga y ensancha las ideas y realizaciones liberales del período Isabelino, que institucionaliza Cánovas con la Constitución de 1876. Asegurando más adelante con esta política la permanencia del sistema monárquico constitucional, sobre todo a partir de 1885, con un modelo político bipartidista, con

---

(78) Para Cantabría, ver: Merino Pacheco, J. "El SexenioDemocrático (1868-1874) (*Cantabria en los Siglos XVIII y XIX. Sociedad,Cultura y Política)*. Ob. cit. pp.217-234. Para España, ver: Espadas Burgos, M. y De Urquijo Goitia, J. R. Ob. cit. pp. 90-106; Artola, M. *(Partidos y Programas...)*, Ob. cit. pp. 279-321.

(79) Merino Pacheco, J. Ob. cit. pp. 240-243. Sobre los partidos políticos – y elecciones en ese período – en la provincia de Santander, ver: Garrido Martín, A. *Cantabria 1902-1923: Elecciones y Partidos Políticos*. Edit. Universidad de Cantabria/Asamblea Regional de Cantabria. Santander, 1990.

alternancia ordenada mediante pacífica manipulación, en ejercicios de tirar o soltar brida según el período y la conveniencia. Sagasta y Cánovas son los artífices de esta *obra*, quizás pretendiendo, como señala Carr, que " los oligarcas debían turnarse en los cargos, como los ciudadanos de Aristóteles, para dar a la nación política la ilusión de que se autogobernaba" (80).

En 1890, aprobada ya ese año la Ley electoral que extiende el derecho de voto a todos los hombres mayores de 25 años, y la disidencia cada vez más abierta de algunos líderes de los partidos de Sagasta y Cánovas, no tarda en producirse la desintegración del sistema de *turno pacífico*; lo que no supuso la eliminación de los "pucherazos" ni del secuestro del voto por el correspondiente cacique.

En Liébana la vida política mostraba una situación ideológica y de fuerzas similar a la existente ya antes – incluso – del sexenio. Las ideas absolutistas, ahora tradicionalistas, se encuadran en el carlismo, en tanto las ideas liberales, progresistas o conservadoras eran las mayoritarias, aunque marcándose cierta diferencia de superioridad electoral en favor de los conservadores. Con carácter casi testimonial existían demócratas progresistas – zorrillistas - y, prácticamente, era inexistente la presencia de socialistas, que concentraban su escaso voto en los centros urbanos.

Para las elecciones generales, la provincia de Santander contaba con tres unidades electorales que elegían cinco diputados: tres, la circunscripción de la capital (Santander, capital, y otras localidades rurales del centro de la provincia) y dos, los distritos de Castro-Laredo y Cabuérniga. En el periodo de 1876-1899, las consultas electorales muestran un predominio conservador en la circunscripción de la capital, y liberal en los dos distritos restantes, muy probablemente en base al reparto territorial de fuerzas acordado por los dos partidos predominantes en la provincia. Estos resultados repetitivos sólo son alterados en su resultado, en Cabuérniga, en 1896, con la victoria del conservador Santiago López, en razón a enfrentamientos internos de los propios conservadores por existir varios candidatos propuestos por diferentes instancias para el distrito. (ver cuadro 5).

En cuanto al caciquismo en la Restauración, en Cantabria y en Liébana, y su directa participación en el continuado fraude electoral - fundamentalme en las zonas rurales - que caracteriza la vida política del último tercio del siglo XIX hasta el año 1923, no difieren éstas respecto al existente en el resto de España.

El distrito electoral de Cabuérniga – en el que se integra Liébana - era tradicional feudo de la familia Cortines - Leopoldo y Agustín - y sus parientes los Celis Cortines – Higinio y Baldomero - notables miembros de la élite económica de la provincia, y que controlan ferreamente su territorio, imponiendo en él sus candidatos. La familia Cortines, lógicamente en esos momentos, son los representantes máximos de un cacicato de caciques, que contaban en todo su distrito con una red de colaboradores que recibían su favor. A modo ilustrativo, resulta de sumo interés el escrito que Agustín Cortines - también diputado

---

(80) Carr, R. Ob. cit. p.345

ELECCIONES GENERALES. DISTRITO DE CABUÉRNIGA (LIEBANA)		
AÑO	DIPUTADO ELECTO	PARTIDO
1876	Federico de la Viesca	Conservador
1879	Federico de la Viesca	Conservador
1881	Marqués de la Viesca	Conservador
1884	José Garnica y Díaz	Liberal
1886	José Garnica y Díaz	Liberal
1891	José Garnica y Díaz	Liberal
1893	José Garnica y Díaz	Liberal
1896	Santiago López y Diaz de Quijano	Conservador
1898	José Garnica y Díaz	Liberal
1899	José Garnica y Díaz	LIberal

Fuente: Merino Pacheco, J. Ob. cit.

provincial - dirige al Marqués de la Viesca, conservador, y diputado en varias ocasiones por el distrito de Cabuérniga, y que Merino Pacheco, reproduce, en parte :" Por el año 74 o 76 se le ocurrió a Ud. hacerse diputado a Cortes por Cabuérniga, y no obstante mi aversión a mezclarme en tales asuntos, que ninguna conexión tienen con los míos ni con mi carrera, completamente ajena a la política, le ayudé con mis fuerzas y se consiguió que mis paisanos y los demás del distrito, le reeligiesen cuantas veces quiso, hasta que fue elevado a la senaduría vitalicia. Entonces me escribió Ud. de Madrid, designando como sucesor suyo al Excmo. Sr. D. José de Garnica [liberal] sobrino del señor Posada Herrera, de quien acababa Ud. de obtener la credencial de senador, y encargándome con apremio que le apoyase" (81).

De esta extendida y enraizada tradición caciquil - dominación social de unos pocos sobre la mayoría - y en lo que interesa a nuestro país, Manuel Azaña, refiriéndose al caciquismo de su tiempo – primer tercio siglo XX - señala que, " El cacique ha perdido su abolengo tradicional, ha dejado de ser un eslabón en una jerárquía histórica, para convertirse en enemigo del derecho, secuestrador de la libertad. [...]. El poder del cacique es anterior a cualquier constitución, a toda urdimbre política". Y, además, Azaña, con buen juicio, y en contra de la general y popular creencia asevera que Madrid *no es el foco del caciquismo, ni exporta caciques* en razón a que el caciquismo *viene de abajo a arriba* : " Una cosa es la oligarquía parlamentaria y burocrática, a sueldo de la gran oligarquía de traficantes que constituye el tronco de nuestro cuerpo político, y otra la mesnada de reyezuelos aldeanos que guarnecen el suelo nacional " (82).

---

(81)Merino Pacheco, J. *(Cantabria en los Siglos XVIII y XIX.Sociedad...)*. Ob. cit. pp. 239-240. Una excelente obra con caracter general sobre el caciquismo en España, 1875-1923, es: AA.VV. *El poder de la influencia.Geografía del caciquismo en España* (1875-1923). José Varela Ortega (dir.). Centro de Estudios Políticos y Constitucionales / Marcial Pons Ediciones de la historia. Madrid, 2001. Sobre caciquismo y vida política en Cantabria, ver: Garrido Martín, A. *Favor e Indiferencia: caciquismo y vida política en Cantabria*. Edit. Universidad de Cantabria/Asamblea Regional de Cantabria. Santander, 1988.
(82) Azaña, M. " Caciquismo y Democracia" . *Obras Completas* (4 Tomos). Ediciones Giner. Madrid, 1990. pp. 471-474.
(Tomo I). Este texto de Azaña es un artículo publicado en la *REVISTA ESPAÑA* del 13 de octubre de 1923

Joaquín Costa, en su memoria *Oligarquía y Caciquismo como la forma actual del gobierno en España*, recoge la definición que de caciquismo da el krausista Gumersindo Azcárate : "feudalismo de un nuevo género, cien veces más repugnante que el feudalismo guerrero de la edad media, y por virtud del cual se esconde bajo el ropaje del gobierno representativo   una   oligarquía   mezquina, hipócrita y bastarda..." (83). Y no menos contundente y descriptiva es la clasificación de tipos de cacique de Lucas Mallada, que recoge García Escudero: " unos son chupadores, otros son masticadores; ya roen lo que únicamente tragan, ya destrozan más de lo que comen; unos llevan uniforme cuajado de galones dorados, otros frac y corbata blanca, otros sendos gabanes de ricas pieles; otros gastan chaqueta, otros alpargatas, otros hábitos talares, otros van de capa corta, pero ninguno va de capa caída, pues todos están en auge" (84).

Esta política de la Restauración, *constitucional* y *democrática*, ampliamente acogida al fraude de *un voto, un favor*, sostuvo a un régimen que caé herido de muerte en 1923, y en razón a su hedor es enterrado en 1931; no consiguiendo el nuevo régimen - republicano - que en las zonas rurales continuara prevaleciendo, política y no políticamente, el sistema caciquil.

Próximo el fin de siglo, en 1898, la última crisis colonial iniciada en esa década, lleva incluso a la guerra contra Estados Unidos, que finaliza para España con un descalabro de dimensión histórica al perder nuestras últimas colonias en América y Asia.

Ya en España, que padece en lo económico diversas crisis estructurales - como la ya larga crisis agraria - inmediatamente pasado el primer impacto, inicia una importante reactivación económica animada y alimentada por la repatriación de los capitales españoles invertidos en ultramar.

En Cantabria, como apunta Barrón García, " [...] quebrado su comercio colonial, el capital repatriado y las fortunas amasadas a través del siglo XIX van a ejercer un notable influjo en la reactivación económica observada entonces". Esta expansión económica que se desarrolla hasta el final de la primera guerra europea, traerá consigo un importante auge financiero e incremento de las actividades industriales (85).

2)**Población, estructura social y economía**

A) **Población y estructura social**

Mediado el siglo XIX, Liébana cuenta con 60 localidades agrupadas en ocho Ayuntamientos, y conforme al censo del año 1857 su población total asciende a

---

(83) Costa, J. *Oligarquía y Caciquismo.Colectivismo Agrario y otros escritos.*Alianza Editorial. Madrid, 1979. p.24.Sobre el Krausismo, cuyo introductor en España fue el catedrático Julián Sanz del Río, y gozó de una considerable difusión entre algunos intelectuales de la época, ver la obra, ya clásica, de : Lopez-Morillas, J. *El Krausismo Español*. Fondo de Cultura Económica .Madrid, 1980. Para una visión más centrada en la filosofía de Krause y los fundamentos de los krausistas españoles sobre la reforma social, ver: Díaz, E. *La Filosofía social del Krausismo español* . Editorial Debate. Madrid, 1989.
(84)Garcia Escudero, J. Mª. Ob. cit. p. 202 (Tomo I)
(85) Barrón García, J. I. *La Economía de Cantabria en la etapa de la Restauración (1875-1908)*. Edit. Concejalía de Cultura del Ayuntamiento de Santander / Librería Estudio. Santander, 1992. pp. 167-171

11.871 habitantes. En siglos anteriores el comportamiento demográfico lebaniego se caracteriza por una sucesión de períodos de crisis - expansión o estancamiento - contenidos dentro de los límites del ciclo demográfico antigüo, muy condicionado por las crisis de subsistencias y la mortalidad catastrófica.

La crisis del Antiguo Régimen, principalmente en el período 1790 – 1815, que señala Lanza, sumió a Liébana en"[...] una *crisis general* de la economía e instituciones del Antiguo Régimen que tendría las más desastrosas consecuencias después de las nefastas cosechas de 1803-04 y la guerra contra los franceses". Esta situación económica y de conflicto armado genera una creciente y nueva carestía de los alimentos más básicos, a la que acompaña una considerable mortalidad catastrófica por tifus y violentas epidemias de tabardillo y disenteria, también sufridas en tiempos pasados, que no son exclusiva consecuencia de una *violenta crisis alimentaria* - muy probablemente, como apunta Lanza, *prolongada por los especuladores* -, sino también en razón al elevado nivel de hacinamiento y miseria general y una tradicional insalubridad pública que queda expuesta por Mantecón, quién destaca que, " En Potes en los inicios del siglo XIX aún se mantenían sueltos los ganados de cerda por las calles de la villa, aprovechando así cuanto pudiera servir para su alimentación" (86).

Salvada esta crisis demográfica se inicia una recuperación entrecortada por la sucesión de varias generaciones huecas y puntuales crisis catastróficas - como la epidemia de cólera de 1855 - , y el aumento de población en Liébana, en el período de 1821 a 1860, alcanza un crecimiento demográfico que Lanza cuantifica en 0,478 por ciento anual, que "[...] fue casi desconocido respecto a los siglos anteriores, aunque moderado en comparación con otras comarcas [santanderinas] ". (ver cuadro-6). Parejo a este crecimiento de población aumenta la densidad de poblamiento de Líebana que de 18 habitantes por Km2, en 1787, pasa a 21 habitante también por Km2, en 1860 (87).

CUADRO - 6

LIEBANA : POBLACION PERIODO 1821- 1897						
AÑO	1821(*)	1857	1860	1877	1887	1897
POBLACION	10.183	11.871	12.231	12.291	12.080	12.463

Fuente: Elaboración propia. I.N.E. Censos de población 1857-1897. Dato año 1.821. Lanza García, R. Ob. cit. p.6
Nota: Siguiendo a Pérez Moreda (ob. cit.) Tomamos como fecha la de elaboración de esta evaluación o recuento 1821, y no la de su publicación, 1822.

---

(86)Lanza García, R. *Población y familia campesina en el Antiguo Régimen. Líebana, siglos XVI-XIX*. Edit. Universidad de Cantabria / Librería Estudio. Santander, 1988. pp. 4-7. Sobre el *ciclo demográfico antiguo*, español, ver , Nadal, J. Ob. cit. pp. 19-85. Y también, : Mantecón Movellán, T. A. *Conflictividad y disciplinamiento social en la Cantabria rural del Antiguo Régimen*. Edit. Universidad de Cantabria / Fundación Marcelino Botín. Santander, 1997. p. 124
(87)Lanza García, R. "La Población", en *Cantabria en los siglos XVIII y XIX. Demografía y Economía*. M.A. Sánchez Gómez (coord.). Ediciones Tantin. Santander, 1987. p. 15.

Este ciclo de moderado crecimiento demográfico antigüo experimentado en Liébana, entre 1821 a 1860, deviene en un permanente estancamiento poblacional durante cerca de otros cuarenta años, ya próximo el fin de siglo. La transición demográfica difícilmente puede realizarse debido a factores relacionados con las estructuras económicas y sociales más tradicionales de Liébana que frenaban la normal evolución demográfica y que condicionaban y limitaban la nupcialidad - matrimonio tardío y el celibato definitivo - ; la natalidad o, incluso, la mortalidad general e infantil. (88).

Las crisis de mortalidad en la Liébana del siglo XIX podemos afirmar tienen un indudable origen agrario – escasez y carestía - y que de no ser por la intervención de agentes epidémicos, bien podrían considerarse algunas de ellas de crisis de subsistencias – hambre - pero, como señala Lanza, no pudiendo afirmar que el hambre fuera *en sentido estricto el causante inmediato de la mayor parte de las defunciones*, cabe catalogar a algunas de estas crisis como "mixtas". No obstante, no podemos obviar que los contagios epidémicos dependían en gran medida del estado sanitario y las condiciones materiales de vida - vivienda y hacinamiento, que ya destaca Madoz en 1849 - de la gran mayoría de la población y particularmente de las deficiencias del sistema de nutrición (ver cuadro 7).

Cuadro - 7

LIEBANA

DIETA : PRODUCTO AGRARIO DIARIO POR PERSONA

PRODUCTOS	AÑOS 1786-1790	AÑOS 1831-1835
Cereales	542 grs.	526 grs.
Legumbres	99 grs.	82 grs.
Carne	72 grs.	-
Frutas	35 grs.	61 grs.
Patatas	-	47 grs.
Vino	46 cls.	46 cls.
Leche	7 cls.	8 cls.

Fuente: Elaboración propia, partiendo de Lanza García, R. (*Población y familia campesina…*). Ob. cit. p. 108
NOTA : Lanza, refiere que : *el repertorio de productos ha sido impuesto por las fuentes y no abarca, por supuesto, todos aquellos alimentos realmente asequibles,pero sí la mayor parte y,desde luego,los fundamentales.*

Mención aparte merece - por su importancia nutricional y por ser Liébana una comarca también ganadera - el consumo de carne en la dieta de su población, que era muy *exigüo,* como también el de queso y leche, siendo para la mayoría *mero compango de los dos elementos esenciales de la dieta : el pan y el vino* (89).

---

(88)Pérez Moreda, V. "La modernización demográfica, 1800-1930. Sus limitaciones y cronología", en, *La Modernización económica de España 1830-1930.* Nicolás Sánchez-Albornoz (Comp.) Alianza Editorial. Madrid, 1985. pp. 29-43.
(89)Lanza García, R. (*Población y familia campesina…*). Ob. cit. p. 100-112. Ver también: Madoz, P. *Diccionario Geográfico-Estadístico-Histórico de España y sus posesiones de Ultramar.* Madrid, 1849. pp. 176-178 (Tomo XIII). En cuanto al vino, siendo una parte de Liébana zona vitivinícola, es muy probable que la mayoría de la población consumiera un tipo de vino elaborado en la comarca y, destinado a los *obreros,* denominado de *lagar.* Ildefonso Llorente, nos cuenta que en Liébana se hace tres clases de vino: el tostadillo, el de *yema* y el de lagar. Este último no se *exporta, y se destina a los obreros.* Es un vino el de lagar, *más descolorido y ácido que se obtiene sacando de la tina las uvas fermentadas que allí quedan, después de salir el de yema, y prensándolas en el lagar, o en la lagareta, que es un lagar pequeño.* Ver Llorente Fernández, I. Ob. cit. pp. 74-77

Para González Fernández, la ganadería en Liébana "[...] tiene comparativamente una importancia menor como medio de subsistencia respecto a los cultivos agrícolas [...], sin que ello reste su importancia como elemento clave por la explotación que de ella se hace para las labores agrícolas, el transporte, la granjería con fines comerciales y el abono de cultivos. Pero, la explotación ganadera para la mayoría de la población, en un sistema *"al límite"* como el de Liébana, plantea un considerable problema en cuanto a su alimentación en invierno, pues *dada la escasez de recursos entra en competencia con la de los humanos.* Esta escasez puede justificar que varios concejos limiten la cría de ganado, incluso, menudo (90).

Igualmente, cabe destacar en este punto, y siguiendo a Lanza, que otra causa para ésta exigua presencia de la carne en la dieta de la gran mayoría de los lebaniegos, pueda deberse a que "[...] el predominio de la aparcería o la comuña en la cría ganadera privara al campesino de tres cuartas partes del producto final "(91).

La organización de la vida material en Liébana está orientada fundamentalmente a procurar si no la total si gran parte de las subsistencias básicas de la gran mayoría de su población teniendo como primer o único modo la agricultura y la ganadería, ésta última en escasa medida.

La propiedad de la tierra privada - aún después de la abolición del Señorío y las desamortizaciones realizadas en el territorio - se mantiene en una gran parte concentrada en manos de las *clases* dirigentes de siempre (alta hidalguía rural), o de nuevo cuño (negociantes y burócratas), que conforman una oligarquía centrada en el control y dominación de los recursos económicos y político-administrativos. El resto de la propiedad, salvo excepciones, se caracteriza por la escasísima dimensión y clase de las parcelas que, en muchos casos, obliga a estos propietarios y/o arrendatarios a buscarse fuentes alternativas de ingresos para el sustento anual de la familia, empleándose en las labores agrícolas de las casas dominantes – llamadas en la zona *fuertes* - o incluso formando parte de los numerosos lebaniegos que integran la emigración estacional, dedicada fuera de su tierra a trabajos agrícolas, de carretería o de venta de productos artesanos; convirtiéndolos la necesidad en *campesinos adaptativos*, como los denomina Domínguez Martín (92).

No debe extrañarnos que autores y testigos lebaniegos del siglo que nos ocupa como Ildefonso Llorente o Matías de La Madrid, entre otros, resalten las excelencias y riquezas económicas de Liébana y que, sin embargo, ésta no pueda con sus frutos y otras actividades productivas asegurar cuanto menos la subsistencia de su población. Y no cabe extrañeza por cuanto la organización de la

---

(90)González Fernández, M.: *Sociología y Ruralidades (La construcción social del desarrollo rural en el Valle de Liébana).* Edit. Ministerio de Agricultura, Pesca y Alimentación. Madrid, 2002. pp. 167-168
(91)Lanza García, R. *(Población y familia campesina....).* Ob. cit. p. 108
(92)González Fernández, M: Ob. cit. p165-169. También, ver : López Linage, J. *Antropología de la ferocidad cotidiana: Supervivencia y trabajo en una comunidad cántabra.* Edit. Servicio de publicaciones agrarias.Ministerio de Agricultura. Madrid, 1978. p. 35. Ver: Domínguez Martín, R. *El Campesino Adaptativo.Campesinos y mercado en el norte de España, 1750-1880 .* Edit. Universidad de Cantabria / Asamblea Regional de Cantabria. Santander, 1996. pp. 15-26

actividad económica en la comarca no respondía a las necesidades de la comunidad, sino, como señala López Linage, "[...] la que, en principio, resulta más adecuada a los intereses de las clases dominantes, que pueden coincidir con los de la mayoría, pero que también puede no hacerlo "(93).

En cuanto al sistema tradicional de tenencia y explotación de la tierra y el ganado privado en Liébana - que llega a mantener su uso hasta bien mediado el siglo XX - se distingue, como recoge López Linage, entre el de "llevaduría", para el terrazgo, y el de aparcería, para el ganado; *aunque ambos son aparcería.*" la llevaduría regula la tenencia y disfrute de una propiedad ajena por parte de un colono. Había dos modalidades de *llevadores:* al medio (*medieros*) y al tercio (*tercios*) ". En el sistema *al medio*, la mitad de la simiente corría a cargo del dueño y la otra mitad a cargo del *llevador*, correspondiendo a éste labrar la tierra y trabajar el cultivo. "Una vez cosechado el fruto (lo mismo daba que fuera trigo, garbanzos, patatas o alubias...) el *llevador* sobre la misma finca, disponía *dos montones* - hacinas - *iguales*. El dueño tenía que verlos, y decidir cuál era para él, y el *llevador* – posteriormente - tenía que acarrear el montón escogido a la casa del dueño". Por su lado, en *el sistema a tercio*, el *llevador* ponía toda la simiente y a su cargo estaban todas las labores, y recogido el fruto sobre la misma finca preparaba tres montones iguales, eligiendo uno de ellos el dueño, debiendo el *llevador* acarrearlo a la casa de aquel. Sólo, y no en todos los casos, percibía el propietario una renta en dinero, y no en fruto, si el *llevador* vivía en otro pueblo. Este sistema de explotación del *llevador*, y de renta en especie, estaba muy extendido en Liébana, en donde bastantes propietarios no explotaban por sí sus tierras, como igualmente en mayor o menor medida sucedía también en otras comarcas de la provincia de Santander (ver cuadro 8) (94).

CUADRO – 8

PORCENTAJE DE CAMPESINOS QUE EXPLOTAN FINCAS AJENAS

CANTABRIA – DECADA DE 1880

PARTIDOS JUDICIALES	%
Reinosa	5 / 10
Torrelavega	20 /30
Santander	20 /30
San Vicente de la Barquera	30 /40
Santoña	60 /70
Castro-Urdiales	70 /80
Potes	70 /80
Villacarriedo	80 /90
Ramales	90

Fuente : Dominguez Martín, R. (El campesino adaptativo...) Ob. cit. p.245

---

(93)López Linage, J. Ob. cit. p. 194. Sobre autores y testigos lebaniegos de la época,ver: Llorente Fernández, I. *Recuerdos de Liébana* Ob. cit. , y también ver ; De La Madrid y Manrique de la Vega, M. *Memoria sobre los grandes montes y demás riqueza de Liébana*. Imprenta Timoteo Arnaiz. Burgos, 1836.
(94)López Linaje, J. Ob. cit. p. 194-195. Sobre este sistema y el resto de Cantabria, ver: Domínguez Martín, R. "La propiedad de la tierra: La explotación agrícola", en (*Cantabria en los siglos XVIII y XIX. Demografía...*). Ob. cit. pp. 49-54

Esta persistencia en Liébana de la renta en especie es puro arcaísmo que como indica López Linage, "[...] aparece como propio de una agricultura de subsistencia en la que, a su vez, predomina el cultivo de cereal panificable y leguminosas (y, en este caso, patatas). La aparcería estaba muy extendida en Liébana. Pero este arcaísmo, que es muy rentable para el propietario - el *llevador* debe además de la renta satisfacer el pago del diezmo y los gastos de consumo - nos muestra, como señala Domínguez Martín, *que no se producía para el mercado, aunque se vendiera y comprara en él.* Y, además con este sistema"[...] y con la fácil posibilidad de revisar los contratos a menudo, aseguraban las clases privilegiadas el mercado especulativo de los productos básicos. [...] La transformación de la renta en dinero era de su exclusivo privilegio" (95).

En cuanto a la propiedad comunal - muy importante en Liébana: cerca del 80 % de su territorio - su uso era fundamentalmente destinado al ganado, principalmente de labor, al que se fijaba espacios determinados dentro del término concejil - las denominadas dehesas boyales - tal y como era recogido por las ordenanzas. Los trabajos de mantenimiento y guarda de estas dehesas se realizaban por la comunidad concluidas las labores agrícolas, antes de primavera. En fechas posteriores se trasladaba el ganado a los pastos altos, para mediado junio partir a los puertos altos, de donde regresaban al concejo, antes de los fríos, para permanecer en terrenos comunes hasta el momento de la *derrota* – aprovechamiento del rastrojo para el ganado - y que, en definitiva, suponía una importante restricción al derecho de propiedad individual. El ganado menor y porcino se reunía en sendos rebaños y aprovechaban estos espacios comunales locales. Por otro lado, el uso del espacio comunal de monte centra su aprovechamiento en el pastoreo extensivo, la recogida de leña *muerta* – seca - o la corta de madera para destinarla a la construcción o la artesanía. Las normas y ordenanzas de carácter colectivo establecían su ordenado uso y su mantenimiento y conservación por parte de toda la Comunidad.

La explotación ganadera en Liébana sigue el sistema de aparcería. El propietario pone al cuidado de un aparcero un determinado número de cabezas de ganado. "El aparcero corre con todos los cuidados necesarios y se beneficia del ganado con limitaciones. Estas limitaciones se refieren a las crías y a la venta de las vacas: si la cría se vendía, la mitad del importe iba para el dueño de la vaca. Ésta no podía venderse por el aparcero", pues sólo el dueño, podía hacerlo. Es evidente que este tipo de aparecería, "[...] sobre todo con respecto a las crías, impedía totalmente que los aparceros, a pesar de su trabajo y dedicación, se hicieran con ganado propio, constituyéndose así como factor de doble efecto negativo: actúa como corsé del desarrollo económico-social de la familia aparcera, e impide un aumento global del rendimiento de la cabaña ganadera". Es importante significar que cualquier tipo de excedente agrícola o ganadero estaba *negado por definición* al *llevador* y aparcero, y por tanto sus posibilidades dinerarias eran prácticamente nulas (96)

---

(95)Domínguez Martín, R. ("La propiedad de la tierra..."). Ob. cit. p.51. Ver también: Ruiz Gutiérrez. M. "Economía Rural y colectivismo agrario", en (*Cantabria en los siglos XVIII y XIX. Demografía...*). Ob. Cit. pp. 40-42
(96) López Linage, J. Ob. cit. p. 195

Con estos sistemas de explotación productivos y económicos en Liébana, la nupcialidad, la natalidad y otros factores demográficos, se encuentran poderosamente condicionados y frenados. Sobre la gran mayoría de la población pesa la dificultad de acceso a la propiedad; la limitación impuesta a las posibilidades de comercialización y contacto con el mercado; la emigración estacional, cuando no temporal o definitiva y, en el peor de los casos, la pérdida de los pocos bienes familiares al caer en manos de prestamistas y usureros. Es muy ilustrativo para conocer las condiciones de préstamo, reproducir el texto que recoge Domínguez Martín, dando cuenta de parte del testamento otorgado por Francisco de San Juan y la Lama, vecino de Piasca:

> "[...] Cuando en uno de los días del año pasado de mil setezientos y veintiocho (decía), allándome con extrema necesidad por lo riguroso que fue el invierno de él y carestía de alimentos que hubo en esta provincia me llegué a casa de D. Francisco de Agüeros y Linares, vezino de Potes, a quien y a doña Rosa de Linares y Colosía, su madre, e servido muchos años en la asistencia y cultibo de sus viñas, y les pedí que me socorriesen de la necesidad en que allava, y no aviendo lugar ni aun por quenta de mi trabajo y jornales que ofrecí serviles, el dicho don Francisco Jabier me dijo que me entregaría doscientos reales de vellón con calidad y condición que le hiziese censo perpetuo de darle cada un año diez arrobas de carbón y una gallina y que le vendiese la casa en que bibo, una tierra... y otros vienes, ypotecando todos los demás que tengo... y que le hiziese donación absoluta de todos mis bienes presentes y futuros, como a persuasión suya lo hize sin reservar ni aun el quinto para el cumplimiento de mi alma..." (97)

La organización familiar en Liébana en siglo XIX responde a un modelo de familia tradicional que practica un marcado autoconsumo, por lo que existe un claro familismo por el que los fines de cada individuo están supeditados a los de la familia, que representa la unidad básica de propiedad, producción, consumo, reproducción, identidad, socialización y sociabilidad.

En tanto que en Cantabria predomina el modelo de familia nuclear, neolocal, y el sistema de herencia bilateral a partes iguales, siguiendo la tradición castellana, en Liébana, el modelo corresponde al de familia extensa, concentrada en pequeños núcleos de población. En cuanto a la herencia, en Liébana, era igualmente de aplicación la legislación castellana, pero esas normas en *teoría favorables* al igualitarismo, como señala Lanza, "[...] en la práctica facilitarán diversas posibilidades, desde acumular en uno o varios herederos el tercio de mejora y el quinto de libre disposición, hasta vincular sin necesidad de facultad real aquello que no excediera de dicha mejora". Estas diferentes tendencias al testar convivieron hasta que mediado el siglo XIX el sistema de mejora de tercio y quinto a favor de un solo heredero era el más usado y, que López Linage, considera "[...] como un residuo - o quizás, variante - del mayorazgo"(98).

Los movimientos migratorios en Liébana - salvo la emigración estacional que

---

(97)Domínguez Martín, R. "La propiedad de la tierra" en *(Cantabria en los siglos XVIII y XIX. Demografía...)*. Ob. cit. pp. 47-48
(98)Rivas Rivas, A. Mª. "Representaciones colectivas y maneras de ser cántabro", en, *Antropología de los pueblos del norte*. Carmelo Lisón Tolosana (Coord.-edit.). Universidad Complutense de Madrid / Universidad de Cantabria. Santander, 1991.Ver también: Lanza García, R. *(Población y familia campesina...)*. Ob. cit. p. 152., y: López Linage, J. Ob. cit. p. 207

supuso una constante tradicional del campesinado lebaniego – no puede afirmarse que fueran, en la emigración temporal o definitiva, un fenómeno continuo y con intensidad constante. Además, ese "éxodo" – al menos hasta finales del siglo XIX - no afecta gravemente a la estructura de su sociedad agraria, sino que, como afirma Pérez Díaz, "[...] el éxodo aliviaba la presión de la masa de trabajadores sin tierras sobre tal sociedad [agraria] y en particular sobre un sistema de producción incapaz de ocuparla de manera racional y satisfactoria" (99)

En el siglo XIX, la emigración lebaniega a América - principalmente a Cuba, Méjico y Guatemala - se ve considerablemente reducida respecto a los siglos XVI al XVIII. Sin embargo, sí, en las últimas décadas del siglo XIX - con flujo creciente - los lebaniegos emigran, principalmente a Madrid y Santander, capital, y otras ciudades españolas, para alcanzar unas mejores condiciones de trabajo y de vida. Y tanto es así, que ya en 1900 el censo de ese año arroja una población - 12.683 habitantes - que solo supera en 392 la población censada en 1877 - 12.291 habitantes - . En diez años, 1910, la población – 12.292 habitantes - decrece y es tanta la preocupación que en la publicación *Liébana y los Picos de Europa*, aparecida en 1913, se afirma que la causa del descenso de población "[...] no es otra que el aumento creciente de la emigración, que de algunos años a esta parte ha adquirido proporciones que amenazan dejar despoblada Liébana. Antes emigraba gente joven, individuos aislados [...], hoy la emigración es de familias en masa, gentes ya en la madurez de la vida que al marchar venden su casa y sus fincas" (100).

B) La Economía

El crecimiento de la población lebaniega, en la parte central del siglo, aún cuando moderado, trae consigo un aumento de la población activa, principalmente en Potes, capital comarcal, donde, como destaca Lanza, "[...] aumentaron con la división social del trabajo los sectores dependientes del mercado para abastecerse de alimentos y bienes de consumo – jornaleros, pequeños artesanos, letrados y burócratas-", pudiendo observar, (ver cuadro-9) que los grupos activos que más aumentaron en la comarca son los grupos profesionales más dependientes, como el de los jornaleros y los criados.

Un importante número de los grandes y medianos propietarios, sin intervención directa en la explotación agrícola - como no fuera a través de la percepción de rentas - mantuvieron principalmente el tradicional sector vitícola, y se iniciaron en el negocio minero fundamentalmente local; sin abandonar otras actividades también tradicionales de su clase y relacionadas con el crédito al por menor y la comercialización de excedentes agrícolas – especulativas al límite - en el propio mercado comarcal. Por supuesto con sus actividades mercantiles, incluyendo además las contrataciones de domésticos y otros criados para sus casas, cubrían solo en parte la demanda de trabajo, lo que convirtió a Liébana en un importante exportador de mano de obra a otras provincias.

---

(99)Pérez Díaz, V. *Estructura social del campo y éxodo rural. Estudio de un pueblo de Castilla*. Tecnos. Madrid, 1972. p. 22
(100) "La Voz de Liébana". (*Liébana y los Picos de Europa*). Ob. cit. pp. 33-34

Para Liébana, sometida a un contexto no generalizado de propiedad de los medios de producción - agrario fundamentalmente - con sistemas productivos arcaicos y sin que tuvieran lugar las innovaciones de todo orden, que exigían los tiempos, el siglo XIX supuso una importante ocasión perdida - premeditadamente obstruida, si se quiere - respecto a su desarrollo económico y social.

Los intentos de generalización de la propiedad agraria, mantenida como ideal - y solución - por los Ilustrados, para elevar la productividad y economía nacional, resultaron fallidos en muchos casos, entre ellos en Liébana.

En 1797, los Ilustrados entendían que el reparto de los baldíos - terrenos incultos - entre pequeños propietarios y jornaleros, traería consigo " [...] el aumento de la producción y el descenso del precio de los cereales y de la renta de la tierra al disminuir la demanda, así como la mejora del nivel de vida de estas clases rurales al proporcionarles medios de subsistencia" (101). A favor de este

CUADRO – 9:

PROFESIONES Y OFICIOS EN POTES Y LIEBANA

PROFESIONES	LIEBANA (1752 - 1860)		POTES (1752 -1850)	
Hacendandos	2,42	-	9,66	-
Propietarios	-	6,49*	-	8,50
Arrendatarios	-	27,80	-	-
Labradores	42,41	-	27,27	14,17
Jornaleros	0,44	22,59	0,57	14,58
Hijos	20,82	-	2,84	-
Mineros	-	0,10	-	-
Artesanos	4,28	9,20	13,07	23,48
Comerciantes	0,77	0,89	8,52	14,17
Funcionarios	1,74	3,34	14,21	15,39
Clérigos	3,27	1,64	10,23	3,23
Criados	17,92	20,62	2,27	6,48
Pobres	5,93	7,33	11,36	-
TOTAL	100,00	100,00	100,00	100,00
	(2.478)	(3.914)	(176)	(247)

Fuente : Lanza García, R *(población y Familia campesina...)* . Ob. cit. p. 21 .
Nota: La cifra de "propietarios" de 1860 procede del Censo, una vez restados del total el número de arrendatarios, a nuestro entender contados doblemente (de lo contrario la población activa resulta exageradamente numerosa).

planteamiento se encuentran los Ilustrados santanderinos de la Real Sociedad Económica Cantábrica de Amigos del País, y en 1799, por medio de su socio el Duque del Infantado, solicitan al Real Consejo de Castilla facultad Real para repartir los baldíos de los pueblos comprendidos en el ámbito de la Económica santanderina, facultad que es concedida en el año 1801.

---

(101)Sánchez Salazar, F. *Extensión de cultivos en España en el siglo XVIII.* Siglo XXI de España Editores. Madrid, 1988. p. 220

La Junta subalterna de Potes, perteneciente a la Sociedad Económica Cantábrica, manifiesta, como otras tantas Juntas subalternas santanderinas, su total acuerdo, pues, argumentan "[...] proporcionará un aumento del número de habitantes, diligencia al trabajo, fondos, parte de los alimentos, que los vecinos no necesitarían adquirir en otras provincias, y la exportación de un excesivo número de ganados" (102). Pero, después de toda la gestión y *fervor* de las Juntas subalternas, los repartos, salvo puntuales excepciones, fracasaron diluyéndose en los Ayuntamientos - encargados de ejecutarlos - principalmente en defensa de "[...] los intereses de los grandes propietarios, que veían en un reparto equitativo de los baldíos un serio peligro, ya que además de reducir un recurso gratuito del que eran los máximos beneficiarios (los pastos), daba mayor autonomía a muchos campesinos" (103).

Otros intentos posteriores - en concreto las diferentes desamortizaciones que tuvieron lugar en la primera mitad del siglo XIX- tampoco permitieron la generalizacion de la propiedad agraria en Liébana, por lo que no es exagerado considerar que a la abolición de los señoríos en 1837, se intauró y consolidó un *nuevo régimen* acaparador de la propiedad y de los medios de producción, sustentado no por un señor, sino por una clase dirigente, mucho más implacable con lo débiles que nunca llegó a mostrarse el señorío del Antigüo Régimen.

1) Las desamortizaciones del siglo XIX en Liébana

Las desamortizaciones que tienen lugar en Liébana durante el siglo XIX, fueron procesos con poca o ninguna incidencia de consideración en lo económico y en lo social para el interés general de los lebaniegos.

La desamortización de Godoy (1798-1808) tuvo escasa relevancia en Liébana. En cambio, sin ser una desamortización propiamente dicha, la guerra de la Independencia fue un período en el que propiedad pública pasó a manos privadas, en razón a las perentorias necesidades económicas de los Ayuntamientos, por lo que éstos se vieron obligados a enajenar - en la mayoría de los casos a bajo precio - terrenos concejiles que adquirieron las clases dirigentes. La guerra patriótica acrecentó fortunas y desató ambiciones teniendo lugar durante la misma obscuros negocios y curiosas transacciones (104).

De las sucesivas desamortizaciones fue con la de Mendizábal, y muy principalmente durante el primer lustro de los años cuarenta cuando más compra-ventas de bienes nacionales desamortizados se ejecutan en Liébana.

---

(102)Idem. Ob. cit. p. 228

(103)Corbera Millán, M. " Campesinos y montes en Cantabria: competencia y conflictos por los aprovechamientos entre los siglos XVII y XIX (1650-1850), en, *Las relaciones entre las comunidades agrícolas y el monte.* (coloquio hispano-francés de geografía rural). Joaquín S. García Marchante, Joaquín Saúl y Carmén Vázquez Varela (coords). Edit. Universidad de Castilla-La Mancha. Cuenca, 2003. p. 194

(104)Sánchez Gómez, M. A. *La desamortización en Cantabria durante el siglo XIX (1800 – 1889).* Edic. Ayuntamiento de Torrelavega. Santander, 1994. pp. 100-119. En cuanto a las transacciones curiosas podemos significar la que en 1812, se produce en Potes, ante el notario Sr. de Celis, en la que dos vecinos de Potes compran por 89.920 reales, al intendente interino del séptimo ejercito, la nada desdeñable cantidad de algo más de 161 Kgs. de plata, cuyo origen, muy probablemente, estuviera en una requisa. Como fiador de los compradores actúa Francisco Gutiérrez de Cabiedes. Ver: AHPC. Protocolos. Notario Víctor Manuel de Celis. Leg. 2.157, p. 195

Las tierras y bienes no productivos en Liébana - en poder de las llamadas *manos muertas* - mediante un ineficáz y, en muchos casos, fraudulento sistema de división, subasta y adjudicación - con intervención de comisiones municipales - traspasa la titularidad de esas propiedades - en su práctica totalidad - a los ya terratenientes, es decir, a hidalgos ricos, o a los nuevos burgueses lebaniegos - que tientan los negocios y se ocupan también en la Administración - impidiendo con ello alcanzar uno de los objetivos del Estado liberal respecto a que estos bienes desamortizados fueran también la base para crear una clase productiva de medianos y pequeños propietarios rurales (105)

En las subastas de bienes, tierras, censos y foros ubicados en Liébana, la práctica totalidad son adquiridos por residentes en la comarca. Casi una veintena de lebaniegos *rematan* bienes que representan un extensión total de 89,21 has. (ver cuadro-10) . Hay que recordar que esta extensión es muy considerable teniendo en cuenta el escaso tamaño de los patrimonios rústicos que se manejaban en Liébana.

CUADRO – 10

LIEBANA DESAMORTIZACION DE MENDIZABAL VENTAS SEGÚN TIPO DE TIERRA					
Tipo tierra	Tasación (en Reales)	Remate (en Reales)	% Sobre total provincial	Extensión (Has.)	% Sobre total Has.
Labor	188.819	297.251	11,94	33,48	6,39
Montes	20.780	49.397	20,07	41,71	49,77
Prados	-	-	14,97	5,25	-
Tipo tierra	Parcelas	Has.	% Sobre total Has.	Importe Reales	% Sobre importe total
Viñas	118	8,77	63,55	70.137	43,51

FUENTE: elaboración propia a partir de Sánchez Gómez (*La desamortización en Cantabria...*). Ob. cit. pp.305-306

---

(105) Sobre todo, la desamortización de Mendizábal, aparte de sus razones económicas por una Hacienda del Reino exhausta, tenía un componente político y social. Político, para ganar *amigos para la causa liberal* frente al carlismo, y social para "crear una copiosa familia de propietarios, cuyos goces y cuya existencia se apoye principalmente en el triunfo completo de nuestras actuales instituciones". Ver: Tomás y Valiente, F. *El marco político de la desamortización en España*. Editorial Ariel. Barcelona, 1983. Pp.78-79. Entre es los compradores podemos señalar, entre otros a: Ángel y Vicente Gómez Enterría, Julián Sánchez de las Cuevas, José A. Colosía y Rávago, José Cayetano de Soberón, Francisco Antonio del Corral, Francisco Gómez de Bedoya, Manuel Gómez Otero, Marcelo Linares, Santos Narezo, Francisco Palacio y Miguel Fernández Campillo.

Algo más de dos tercios de esa extensión total de 89,21 Has. es adquirida por únicamente tres compradores (Ver cuadros 11 y 12) : Angel Gómez

Enterría, Julián Sánchez de las Cuevas y Vicente Gómez Enterría. Estos dos últimos fueron los dos mayores compradores de bienes nacionales en Liébana durante la etapa de la desamortización de Mendizábal, y también ambos

CUADRO -11

CANTABRIA DESAMORTIZACION DE MENDIZABAL LEBANIEGOS ENTRE LOS MAYORES COMPRADORES SEGÚN EXTENSION ADQUIRIDA					
Comprador	Puesto que ocupa en ranking provincial	Has.	% sobre total Has.	Reales pagados	% sobre total pagado
Vicente Gómez Enterría	2º	41,71	4,51	47.801	0,78
Julián Sánchez de las Cuevas	11º	18,16	1,96	189.915	3,11

FUENTE : Elaboración propia a partir de Sánchez Gómez, M.A. (*La desamortización en Cantabria...*). Ob. cit. p. 306

tuvieron considerable protagonismo en el proceso, en Potes, que se sustanció con relación a los bienes del Duque del Infantado inmediatamente después de la abolición de los Señoríos, en 1837 : Vicente Gómez Enterría actuó como promotor fiscal, y Julián Sánchez de las Cuevas fue nombrado, junto a Francisco de Palacio, depositario de las rentas y percepciones del Duque en Liébana (106).

CUADRO - 12

CANTABRIA DESAMORTIZACION DE MENDIZABAL LEBANIEGOS ENTRE LOS MAYORES COMPRADORES SEGÚN CANTIDADES DESEMBOLSADAS					
Comprador	Puesto que ocupa en ranking provincial	Reales pagados	% sobre total pagado	Has.	% sobre total Has.
Julián Sánchez de las Cuevas	4º	189.915	3,11	18,16	1,96
Angel Gómez Enterría	14º	90.000	1,47	2,77	0,30

FUENTE : Elaboración propia a partir de Sánchez Gómez, M. A. (*La desamortización en Cantabria...*). Ob. cit. p. 307

Sánchez Gómez en su excelente trabajo, ya citado, sobre la desamortización en Cantabria, siglo XIX, se refiere a la importancia que representaron las figuras de testaferros, intermediarios y *agentes de compra* que intervinieron en " un 20,62 % del valor en remate de tierras, edificios y foros" . En la mayoría de los casos se declara esta intención, pero una *porción estimable* de estos testaferros,

---

(106) Sánchez Gómez, M. A. ("Pervivencias feudales en Cantabria...."). Ob. cit. p. 115-122

"[...] son ellos mismos, los que abonan el importe a la hora de fijar la escritura notarial". Sánchez Gómez, señala el desconocimiento sobre el *auténtico móvil* de esta situación, que puede tener como intención "ahuyentar" a posibles competidores, pura maniobra de especulación o también puede tratarse de compradores "cuya primera intención sea ceder, pero que finalmente deciden quedarse con su adquisición, sin descartar un cierto interés por disimular sus verdaderas intenciones sin olvidar la intimidación frente a otros posibles competidores en las subastas". Para Sánchez Gómez, este sería el caso, entre otros, de Julián Sánchez de las Cuevas, " [...] que compra "para ceder" en dos subastas 9,27 hectáreas por 75.167 reales, aunque luego sea él quien abone dicha cantidad "(107).

2) La agricultura y la ganadería.

En Liébana, durante el siglo XIX, la actividad económica predominante es la agraria, en base a una agricultura de subsistencia, muy parcelada, y con numerosos cultivos, y una ganadería extensiva dedicada al pastoreo, y con una gran mayoría de su población atada a los condicionamientos de tradición y atraso típico que, en general, ciertamente, pesaba sobre el mundo rural español.

Al rígido y cerrado sistema de propiedad, los tipos de cultivo, el laboreo tradicional, y su producción en muchos casos insuciente para atender al propio mercado local, debemos añadir su aislamiento geográfico debido a unas difíciles, incluso inexistentes, vías de comunicación hasta prácticamente el primer tercio del siglo XX.

Los cultivos predominantes - antes de mitad de siglo - conforme señala Madoz y otros autores posteriores, son el trigo, el centeno, la avena, la vid, las legumbres (garbanzo alubia y haba), las patatas y el maíz. Existiendo además cortas producciones de nueces, además de algunas hortalizas y frutas en los huertos domésticos.

La extensión que sobre el total del terreno cultivable lebaniego ocupa cada una de esas producciones es difícil de precisar con exactitud, pues en ésta como en otras cuestiones de carácter económico y contributivo los datos que recoge la información oficial - por lo general - no se ajustan a la situación real. Así ocurre en el año 1866 con la situación de la propiedad rústica cuyas fincas inscritas no sobrepasaban el 25 % de las realmente existentes, lo que impide conocer tipo de tierra y cultivo, aunque para completar ésta información tampoco podemos

---

(107)Sánchez Gómez, M.A. (*La desamortización en Cantabria...*). Ob. cit. pp. 221-222   Julián Sánchez de las Cuevas, propietario lebaniego y con intereses en la agricultura y la minería, insertándose en el régimen liberal ocupó cargos representativos municipales, y puestos como administrador, o cobrador subalterno, de rentas del partido de Potes. Por este ejercicio como cobrador subalterno de contribuciones en el período 1855-1859, le fué reclamado, en vía de apremio mediante Real orden de 30 de abril de 1863, por Benito de Otero y Rosillo, delegado de contribuciones para la provincia de Santander, en el período citado, el pago de cuentas, por importe de 24.888 reales, de la recaudación de contribuciones en el Partido de Potes. Y despues de un largo proceso, por Real decreto, publicado el 23 de mayo de 1865, se confirmó la Real orden dictada en su día en que declaró producente el apremio. Ver : GACETA DE MADRID Nº 143. 23 de mayo de 1865.

considerar totalmente fidedigna la información de las inscritas, pues en función del tipo de tierra la contribución territorial variaba en cuantía (ver cuadro-13).

CUADRO - 13

LIEBANA							
SITUACION DE LA PROPIEDAD RUSTICA Y URBANA							
SU INSCRIPCION A TERMINO AÑO 1866 (REGISTRO DE LA PROPIEDAD DE POTES)							
(a)	(b)	(c)	(d)	(e)	(f)	(g)	(h)
7	6.523	25,00	403	10,00	75,00	1.851	3,74

(a) Número de Ayuntamientos; (b) Número de fincas rústicas registradas; (c) Propiedad inscrita probable; proporción tanto por ciento; (d) Número de fincas urbanas registradas; (e) Proporción de idem probable; (f) Propiedad no inscrita probable en tanto por ciento ; (g) Número total de propietarios en cuyo favor aparecen fincas o derechos reales inscritos; (h) Número de fincas por propietario.

Fuente : Elaboración propia, partiendo de Barrón García. Ob. cit. p.255

No obstante, con las reservas señaladas, podemos cifrar que en el período 1886 – 1890, el total de superficie cultivada de cereales y leguminosas en Liébana, asciende a 998 hectáreas (ver cuadro-14). Debiendo además considerar que en este período la población de Liébana se encuentra en el punto de su mayor

CUADRO – 14

LIEBANA
SUPERFICIE CULTIVADA DE CEREALES Y LEGUMINOSAS
(1886 – 1890)

CULTIVO	HAS.
Trigo	556
Centeno	50
Cebada	59
Avena	129
Maíz y judías	181
Leguminosas	151
	998

Fuente : Elaboración propia, partiendo de BarrónGarcía, J. I. Ob. cit. p. 235

estancamiento, llegando incluso a ser inferior el número de habitantes censados en 1887, a los alcanzados en 1860, y que la emigración a otros puntos de España inicia su máxima aceleración en el siglo.

La producción de los cultivos cerealísticos se consume en el mercado interno - para la alimentación humana y animal - y aún así no quedaba asegurada en su totalidad por lo que Liébana, tradicionalmente, ha sido importadora de grano. En cuanto a la comercialización de otros productos agrícolas lebaniegos fuera del mercado local es escasa y, prácticamente, queda reducida al garbanzo, la alubia, las frutas y las nueces. Capítulo aparte es la producción vinícola que, a pesar del elevado precio de sus tipos de vino *tostadillo* y *yema* - apróximadamente el doble que el de los vinos de Rioja y de Castilla - se destina "[...] sobre todo a los mercados americanos y a los de Bilbao, Barcelona, Santander y Madrid ". También produce el tipo de vino de lagar - *destinado a los obreros* - exclusivo para el mercado local (109).

Liébana, desde la Edad Media mantiene una importante tradición en el cultivo de la vid y la producción vinícola. Las principales variedades de vid cultivadas en los territorios bajos de Liébana son de uva tinta, *la neruca, la negra, la parduca*, y de uva blanca, *la alba, la martín* y *la verdeja* . Y el destino de la cosecha se aplicaba casi en su totalidad a la vinificación, mediante un proceso enteramente manual, que encarecía considerablemente el producto (110).

A mediados de siglo, concretamente en 1853, las vides lebaniegas comienzan a sentir la enfermedad del oidium, y en tres o cuatro años sus negativos efectos podemos observarlos en la importante caída que sufren los aforos de cosecha de vino en Potes, en estos y siguientes años (ver cuadro-15) .

CUADRO - 15

AFOROS DE COSECHA DE VINO EN POTES

PERIODO DE 1827 A 1861

Año	Litros
1827	147.888
1830	241.984
1837	183.552
1838	215.472
1839	188.400
1853	247.920
1856	58.480
1857	77.360
1859	121.888
1860	146.480
1861	118.512

Fuente : Elaboración propia, partiendo de Fuente Royano, Mª. T. y Martínez Martínez, S. Ob. cit. p. 63

---

(109)Llorente Fernández, I. Ob. cit. pp. 74-77. Ver también cita (106).
(110) Barrón García, J. I. Ob. cit. pp. 238-242. Un trabajo que recoge la la historia del cultivo de la vid en Liébana, es : De la Fuente Royano, Mª. T. y Martínez Martínez, S. Edit. Sociedad Económica de Amigos del País de Líebana. Santander, 2002

Los estragos del oidium, con mayor o menor efecto – pues las variedades *neruca* y *negra*, tienen *buena respuesta ante el azufre*, y *la parduca*, la más cultivada, es de natural bastante resistente - no alcanza en Liébana los efectos de casi desaparición del cultivo que padecen en otras zonas de la provincia, y la superficicie cultivada en la comarca es superior a las 1.776 Has. (ver cuadro -16). En los años noventa del siglo XIX una nueva plaga, la filoxera, comienza a mermar los cultivos de vid de Liébana cuyos daños son catastróficos al inicio del siglo XX .

En cuanto a la ganadería lebaniega - a lo largo del siglo XIX - se caracteriza por la cría extensiva, cuya base es el pastoreo, lo que sin duda incidía - en el caso del vacuno principalmente - en los escasos rendimientos producidos de carne y leche. Y su deficiente explotación, subordinada a los ciclos agrícolas, también encontraba limitación por las características de la raza autóctona del vacuno.

CUADRO – 16
LIEBANA
SUPERFICIE DE CULTIVO DE LA VID POR AYUNTAMIENTOS *
(AÑO 1888)

AYUNTAMIENTO	Has.
Camaleño	60,00
Castro y Cillórigo	337,17
Pesaguero	47,23
Potes	110,00
Vega de Liébana	1.222,00
Cabezón de Liébana	**
TOTAL	1.776,4 Has.

Fuente : Elaboración propia, partiendo de Barrón García, J. I. Ob. cit. p. 240

Notas : (*) En pueblos por debajo altitud de 600 mts. Sobre el nivel del mar
(**) : No se incluyen los datos correspondientes a Cabezón de Liébana,"por no haberse recibido los datos referentes a la superficie que destinan a este cultivo" (Eduardo de la Sotilla).

La variedad vacuna Lebaniega, no muy corpulenta, era de " [...] regular condición lechera y apta para el trabajo – a que se dedicaba – y para la reproducción ". Este uso del ganado vacuno para tracción en labores agrícolas y para el transporte es, en cierto modo, lo que justifica el elevado número de cabezas existentes en Liébana, debiendo señalar al respecto, como apunta Sánchez Gómez, "[...] sin que ello significase una especialización en el sentido que hoy le damos al término", pues la explotación lechera como tal [en Cantabria] *no se conocería hasta las primeras décadas del siglo XX*; si bien ya a finales del siglo XIX, principalmente en los valles pasiegos, existía una actividad comercial con los derivados lácteos produciendo principalmente quesos y mantequillas (111). El Resto de la cabaña lebaniega la compone el ganado lanar y cabrío, como también el porcino y el caballar (ver cuadro-17).

---

(111) Barrón García, J.J. Ob. cit. 296. Sobre los orígenes de las industrias lácteas en Cantabría, también Barrón García nos aporta en la obra citada un interesante resumen el aportado por: pp. 308-312. Igualmente ver Sánchez Gómez, M.A. (Cantabria en los siglos XVIII y XIX. Demografía...). Ob. cit. p. 142

CUADRO – 17

LIEBANA

CENSO GANADERO PRINCIPALES ESPECIES AÑO 1865

ESPECIES	Nº. TOTAL CABEZAS	CABEZAS DESTINADAS			
		Al consumo	A los trabajos agrícolas	Al tiro y transporte	A la reproducción y granjería
Vacuno	9.184	182	3.438	53	5.491
Lanar	15.875	2.206	-	-	13.669
Cabrio	9.682	1.495	-	-	8.187
Porcino	6.309	2.391	-	-	3.918
Caballar	734	-	4	356	374

Fuente: Elaboración propia, partiendo del Censo de Ganadería en España elaborado en
1865. Junta General de Estadística (I.N.E.)

La crisis agraria finesecular tuvo una dimensión europea que, en el caso de España se manifiesta con carácter general, como apunta Garrabou, "[...] con un cierto retraso, sobre todo si la comparamos con la agricultura británica. A nivel hispánico no existen manifestaciones claras hasta principios de la década 1880-1890" (112) .

La expansión de la producción agrícola española, principalmente en el período 1850-1880, incrementa considerablemente la oferta de productos agrarios, lo que se traduce en una significativa caída de los precios, que va generando, desde 1865, diferentes crisis sectoriales concentradas en determinados productos agrarios, que los diferentes gobiernos intentan atajar exclusivamente con medidas proteccionistas. Pero además, en España, *la crisis agrícola y pecuaria* general es clara y definitiva muestra de la incapacidad - bastante extendida - de un sistema productivo (laboreo, comercialización, etc.) y de tenencia y de distribución de la propiedad tradicional - que incluso con los diferentes procesos desamortizadores se perpetuán -, que mantiene, en muchos casos, estructuras agrarias, como señala Sánchez Jiménez, " [...] acordes con permanencias y persistencias típicas del Antiguo Régimen " (113).

---

(112)Garrabou, R. " La crisis agraria española de finales del siglo XIX: una etapa del desarrollo capitalista ", en, *Historia agraria de la España contemporánea 2. (1850-1900)*, Ramón Garrabou y Jesús Sanz (eds.). Editorial Crítica. Barcelona,1985. p. 506
(113)Sánchez Jiménez, J. Ob. cit. pp. 51

La incidencia de la crisis agraria lleva a que mediante Real decreto de 7 de julio de 1887, se cree una Comisión para estudiar a nivel nacional la situación agrícola y pecuaria del país.

La Comisión provincial de Santander, recopilando los informes remitidos por otras comisiones existentes en la provincia, como Santoña, Laredo, Torrelavega o Cabuérniga - sobre Liébana no hay referencia - elabora un informe con fecha 13 de Octubre de 1887, destacando el grave perjuicio que pesa sobre el sector vitivinícola por *la bajada de un 50 % en el precio de los vinos*; como en el sector ganadero, que por la falta de transacciones, *anula por completo su valor en renta y venta hoy*. Igualmente señala el informe que es preciso acometer reformas y mejoras inmediatas para logar superar la crisis y desarrollar el sector agrícola y pecuario, indicando, entre otras (114) :

- Para desarrollar el comercio es preciso contar con *fáciles y numerosas vías de comunicación.*
- Abaratar los transportes por ferrocarril que *son caros y gravan por consiguiente la mercancía en exceso.*
- Contar con un real y veráz Catastro *que permita conocer la verdadera riqueza*

La ocultación de la riqueza, y la ausencia de un catastro real, es una reforma que reclaman numerosas Comisiones provinciales, pero sobre la que poco o nada se hace, pues aun pudiendo un catastro real y veráz representar importantes ingresos para la Hacienda pública, los gobiernos de turno no desean incomodar a los propietarios, aún cuando esto obligue a incrementar con regularidad *los consumos* – impuestos - soportando la carga las clases más desfavorecidas (115).

En cuanto a Liébana, ciertamente cabe pensar que los efectos de la *crisis agícola y pecuaria* general tuvo incidencia por la bajada del precio del vino y por la ausencia de volumen en las transacciones ganaderas. Pero, por los efectos de la crisis en la progresiva caída de los precios agrícolas - principalmente los cereales y el maíz - la incidencia tuvo que tener escasa significación, pues, siguiendo, en este caso, el criterio de Barrón García, la producción " [...] tenía como destino fundamental no el mercado sino el autoconsumo por parte del campesino" (116).

3) La riqueza forestal

Matías de La Madrid, en su *Memoria de los grandes bosques y demás riquezas de Liébana* presentada en 1835 a la Real Sociedad Económica Cantábrica de Amigos del País, nos da buena cuenta de ella reseñando, incluso, su amplia variedad de especies.

---

(114)BCC. Signatura XIX 655 (I/H). "La crisis agrícola y pecuaria". *Actas de las sesiones de la Comisión creada por R.D. 7 Julio 1887 para estudiar la cris por la que atraviesa la agricultura y la ganadería.* Imprenta Sucesores de Rivadeneyra. Madrid, 1887. pp. 381-386 (Tomo II)
(115) Sobre los modos de ocultar la riqueza, ver: Martínez Maroto, S. *La crisis agrícola y pecuaria en España y sus verdaderos remedios.* Imprenta José Manuel de la Cuesta. Valladolid, 1896. pp. 135-152. Igualmente, por su visión regeneracionista, y su conocimiento por su profesión de notario, resulta muy interesante cuanto escribe Julio Senador, sobre la inscripción y los registros de la propiedad y el derecho hipotecario, ver: Senador, J. *Castilla en escombros: las leyes, las tierras y el hambre.* Diputación de Palencia/Ambito ediciones. Salamanca, 1993. pp. 51-55
(116)Barrón García, J. I. Ob. cit. p. 329

La riqueza forestal de Liébana, ya en la segunda mitad del siglo XVIII, fue objeto del interés de la Marina de guerra española para la construcción de navíos, y se produjo una importante tala. En el siglo XIX, en los primeros años, se efectuaron otras cortas de importancia con igual fin y, posteriormente, los efectos de la guerra de la Independencia mermaron igualmente una no desdeñable masa forestal (117).

El aislamiento por las deficientes - también inexistentes - vías de comunicación que sufre la comarca, fundamentalmente en su salida al mar por Unquera hasta 1864, no evita que ya veinticinco años antes los bosques lebaniegos fueran codiciados por empresas extranjeras, que intentaron ante el gobierno del Regente Espartero, sin conseguirlo finalmente, explotar estos recursos madereros (118).

No obstante, esta política en favor del aprovechamiento común de la gran mayoría de los montes públicos españoles, con la Ley de desamortización General de 1855, como señala Sanz Fernández,[...] se produce el "triunfo de los depredadores" sobre los pueblos y, al tiempo, la instrumentalización de los técnicos para la consecución de sus fines " (119). Y esos "depredadores" - unos llegaron y otros ya estaban - dieron buena cuenta en Liébana - con la intervención directa de algunas autoridades municipales actuando como vendedores - y realizaron tan importantes talas que, en 1913, el comentario sobre la situación forestal de la comarca en ese momento, es rotundo : " hoy quedan pocos montes en Liébana; los que quedan son aquellos que por su situación especial, lejos de los caminos, se han librado hasta ahora decaer bajo el hacha maderista" (120).

Los recusos forestales igualmente facilitaban la madera no sólo para la construcción en general, sino también para las actividades artesanales de la comarca, principalmente, útiles para la labranza, ruedas, almadreñas, etc. El incremento que alcanzó mediado el siglo esta actividad artesana, y que completaba la renta para comer el año de muchos pequeños campesinos y jornaleros, que trajinaban su venta por Castilla, supuso también un incremento indiscriminado de cortas de madera en los bosques comunales, muchas de ellas no autorizadas.

4) La Minería

Con la Ley de minas de 1825, se reafirma el principio regalista ya recogido en las Ordenanzas de Felipe II de 1584, por la que todos los yacimientos mineros pertenecían a la Corona, y la Real Hacienda se reservaba la explotación de los más ricos, pudiendo conceder a terceros los restantes. Este principio es corregido por las nuevas leyes mineras de 1849 y 1859, que *sustituyeron la propiedad del monarca*

---

(117)De La Madrid y Manrique de la Vega, M. Ob. cit. p. 15
(118)Nos referimos a la propuesta de Enrico Misley y ,posteriormente, de Charles Green. Frente a estos proyectos de negocio presentados al Gobierno, actuó La Sociedad Económica de Liébana.
(119)Sanz Fernández, J. "La historia contemporánea de los montes publicos españoles, 1812-1930. Notas y refexiones (I)",en, (*Historia agraria de la España contemporánea. 2...*) Ob. cit. p. 198
(120) "La voz de Liébana" . Ob. cit. p. 26

por el dominio público; para años más tarde, en 1868, dar un fuerte impulso a un proceso de *desamortización del subsuelo*, que facilitó un fuerte impulso para la minería española (121).

En Liébana, en el siglo XVI, ya se conoce una incipiente explotación minera por la concesión de *criaderos* de oro, plata y otros metales; pero no será hasta el final de la primera mitad del siglo XIX cuando esta actividad económica alcance una cierta importancia, sobre todo por la extracción de calaminas y blendas, como en tal sentido recoge, el Boletín oficial del Ministerio de Fomento, de 1860 (122). También hubo explotación - sobre todo durante el período 1840-1855 - de minas de plomo y cobre, pero de importancia menor y suerte desigual, registradas por importantes propietarios lebaniegos, como, entre otros, Celestino Ramón del Arenal, Matias de La Madrid o Juan Nepomuceno Josué, llegando incluso para la explotación de algunas de ellas -cobre, en el sitio de Picojano - a consituir en 1843, la sociedad minera *La Lebaniega*, que integraba en su fundación a dieciocho miembros de la clase dirigente de la comarca (123).

Para la explotación de su negocio minero, la clase dominante de la comarca, principalmente a través de la compañía *La Lebaniega*, optó sin más esfuerzo e inversión - como tradicionalmente venía haciendo, en la mayoría de los casos, con la explotación de sus tierras y ganados - por el arrendamiento. Pero, en la actividad minera los arrendatarios no eran, ciertamente, los paisanos irremediablemente sumisos, y *La Lebaniega* tuvo incluso que llegar en alguna ocasión a los Juzgados para resolver las diferencias con sus arrendatarios (124).

A partir de 1855 la explotación del zinc (blenda y calamina) en Liébana, y otras comarcas circundantes, adquiere cierta importancia respecto a otras explotaciones existentes en la provincia, sin olvidar que Santander, " [...] explotó desde 1861 hasta 1910 el 52 % de la producción nacional y el 5,2 % de la mundial " (125).

Las Minas en Picos de Europa y Andara, en Tresviso, y otros lugares de Liébana, y Peñarrubia, eran explotadas por diversas compañías mineras, debiendo destacar : *La Esperanza*, de la familia Pérez del Molino, que quebró en 1877, y que tuvo continuidad en su explotación con el proyecto minero de Juan Manuel de Mazarrasa; *La vielle Montagne*, de capital belga, y *La Providencia*, de capital

---

(121)Nadal, J. *El fracaso de la Revolución industrial en España, 1814-1913.* Editorial Ariel. Barcelona, 1986. pp. 87-91.

(122) Nos referimos al informe técnico emitido por Felipe Bauzá, con motivo de la visita de inspección que éste realiza al distrito de minas de Santander, y que aparece publicado en : *BOLETIN OFICIAL DEN MINISTERIO DE FOMENTO* . Imprenta Nacional. Madrid, 1860. pp. 558-565. (Tomo XXXIII) . Sobre la riqueza minera de Liébana, ver : Antón Valle, N. *El minero español. Descripción de los puntos de la península donde existen criaderos de todas las clases de metales.* Edita Librería de Sojo. Madrid, 1841. pp. 22-23 y 181-183.

(123)AHPC. Protocolos. Notario Domingo Pérez de Celis. Legajo 2.301. p. 456 y vª. Acta de constitución de la Sociedad Minera La Lebaniega, de fecha 19 de julio de 1843. Comparecen como fundadores, y accionistas :" Miguel Fernández del Campillo, Juan Nepomuceno Josué, por sí, y en nombre de su hermano (residente en Santander), Jacobo Josué, José Pablo de Noriega, Marcelo Linares, Matías de la Madrid, Melchor de Posada, Vicente Gómez de Enterría, Juan de la Foz Mier, Manuel María luyano, Celedonio Linares,Victoriano Gutiérrez de Caviedes, José de Prellezo, García de La Madrid, Ángel Gómez de Enterría, Pedro Gutiérrez de La Madrid, Julián Sánchez de las Cuevas y Juan Eusebio de Mier.

(124)AHPC.Protocolos. Legajo 2.250. p. 121-122 y vª. Acta de comparecencia de fecha 5 de junio de 1850, del presidente de la Sociedad Minera La Lebaniega, D. Marcelo Linares, dando cuenta del contrato de arriendo de la mina de cobre de Pico jano, celebrado con D. José Desirat, y otro, por las divergencias surgidas, y el juicio de conciliación interpuesto en octubre de 1849 al citado Sr. Desirat.

(125)BarrónGarcía, J. I. Ob. cit. pp. 66-67

santanderino, asturiano y madrileño (126).

La Providencia, que desde 1859 contaba como director técnico a Benigno Arce, era la principal explotación, junto a *La Esperanza*, de la comarca. Los criaderos de *La Providencia*, cuya explotación, como apunta Arce, la constituian dos grupos de minas: " [...] el primero llamado Andara, que produce calaminas y, el segundo, el de Aliva, del que se extraen blendas", arrojan una considerable producción, teniendo en consideración lo intrincado del lugar en que se encuentran ubicadas, y los pocos meses, - normalmente, por la climatología, de mayo a octubre - que cada año se trabajan las minas, que asciende anualmente, casí con carácter constante, a [...] 5.000 toneladas de diversas clases de mineral, en esta forma: calaminas, 3.500; blendas, 1.450, y mineral de plomo, 50 ". Producción que es exportada a Bélgica, Inglaterra y Prusia (127).

La mano de obra que absorven estas explotaciones, y que fundamentalmente se nutren de obreros de Liébana, Peñarrubia, y otras comarcas próximas, no sobrepasan en el mejor de los casos los trescientos cincuenta trabajadores, y la gran mayoría de ellos con ocupación estacional.

5) Otras industrias y actividades económicas. Las comunicaciones

A principios del siglo XX, exactamente en 1904, el nivel de industrialización en Cantabria, tomando como base el total de población activa de la provincia, asciende al 17 %, sobre el que aporta Liébana un 0,4 % .

La industria eléctrica, *Electra Lebaniega*, se inaugura en la comarca en 1899 para prestar servicio exclusivamente de alumbrado. En cuanto al sector de la madera existen unos escasos aserraderos; y en el caso del corcho, únicamente se fabrican tapones - siguiendo prácticamente un proceso totalmente manual - cuya producción no supera en total los 500 quintales, que en su totalidad son adquiridos por fabricantes de bebidas de Santander, capital. Por otro lado, la producción de curtido de pieles sí tiene en la comarca, principalmente en Potes, un proceso casi por entero industrial, y su producción abastece, ya a principios del siglo XX, al resto de la provincia y otras del país.

Existen igualmente molinos harineros, y por lo que interesa al sector de alimentación existen al menos tres fábricas de chocolate que, presumiblemente, deben tener aún alto componente artesanal, y un ámbito comercial prácticamente comarcal.

---

(126)Hoyo Aparicio, A. *Todo mudó de repente. El horizonte económico de la burguesía mercantíl en Santander, 1820-1874*. Edit. Universidad de Cantabria / Asamblea Regional de Cantabria. Santander, 1993. p. 138. Sobre la minería en Picos de Europa, Liébana, y la historia de la La Esperanza, sobre todo en su segunda etapa contando al frente con la familia Mazarrasa, ver: Gutiérrez Sebares, J. A. *El Metal de las cumbres. Historia de una sociedad minera en los Picos de Europa (1856-1940)*. Edit. Consejería de Medio Ambiente de Cantabria / Centro de Investigación del Medio Ambiente . Santander, 2007. Sobre *La Esperanza*, con relación a su primera etapa, existe un folleto reivindicativo de *honor comercial,* y denuncia de *traición familiar,* que en 1871 publica Ramón Pérez del Molino contra su hermano Manuel. La sociedad, como ya hemos indicado fue a la quiebra en 1877. Ver: Pérez del Molino, R. *Desengaño de Engañados.* Santander, 1871
(127)Arce y Villegas, B. *Apuntes acerca de los criaderos de calamina y blenda situados en los Picos de Europa, y de la explotación que de los mismos hace la sociedad minera La Providenci*a. Imprenta J. M. Lapuente. Madrid, 1879. pp. 3-28

La industria textil, principalmente manufacturera de lana, mediado el siglo XIX, tiene su principal centro de producción en Espinama.

El aislamiento geográfico de Liébana ha condicionado considerablemente su desarrollo económico y social, creando además una situación propicia para perpetuar un sistema de propiedad y producción propios del Antiguo régimen.

En el ultimo cuarto del siglo XVIII, se elabora un primer mapa que recoge la red viaria de Liébana, si bien hasta la publicación del *Diccionario* de Madoz, no tenemos una descripción general de los caminos carreteros y de herradura de la comarca, la gran mayoría de ellos penosos y difíciles. Con Palencia, algo más accesible, por Piedrasluengas; con León por San Glorio; con Polaciones, por Lamedo o Buyezo, y con las montañas de Santander - por caminos de herradura - bien por Bedoya y puerto de Tarruey, bien por Lebeña y puerto de Arcedón. El paso a Asturias, por entre las *encumbradas Peñas de Europa, el cual es solo de herradura y sumamente escabroso* . Igualmente, Madoz hace referencia a la carretera que se está construyendo, por la orilla del río Deva, de Sierras Albas a Tinamayor, y que será " [...] la salida más fácil y cómoda que tendrá Liébana, tanto para Castilla, como para la costa y capital de la provincia" (128).

Esta carretera que une Palencia y la costa santanderina, atravesando el desfiladero de La Hermida - en Peñarrubia - inicia sus primeros tramos en 1804, quedando interrumpidos por la guerra de la Independencia, y no retomándose los trabajos en verdadera forma hasta casi mediado el siglo, coincidiendo con las importantes inversiones en infraestructuras que acomete el Gobierno para la red de carreteras (129) .

El resto de comunicaciones entre los diferentes valles y poblaciones de Liébana la conforma una red caminera deficiente y escabrosa, cuando no inexistente, y no tomará nuevo impulso en su mejora y nueva construcción de carreteras hasta 1877, en que se ejecuta la construcción de la carretera de Potes a Camaleño. Hay que esperar al primer tercio del siglo XX para que otros accesos y vías vertebren las comunicaciones interiores y exteriores de Liébana.

---

(128)Madoz, P. Ob. cit. Tomo XIII. p. 178
(129)Herranz Loncan, A. *La dotación de infraestructuras en España 1844-1935.* En estudios de Historia Económica, nº 54. Edit. Servicio de Estudios del Banco de España. Madrid, 2004. p. 44

PARTE – IV

LA SOCIEDAD ECONOMICA DE AMIGOS DEL PAIS DE LIEBANA EN EL SIGLO XIX

**Sobre las Sociedades Económicas de Amigos del País en Cantabría en los siglos XVIII y XIX :
la Real Sociedad Económica Cantábrica de Amigos del País, y su Junta Subalterna de Potes**

En Castilla la Vieja y en León, en los siglos XVIII y XIX, como apunta Enciso, llegó a haber veintiseis Sociedades Económicas, "[...] lo que significaba, aproximadamente, un 24 % del total de las existentes en territorio español"(130). Además de las correspondientes en las capitales de provincia, citamos, entre otras : Agreda, Bejar, Ciudad Rodrigo, Herrera de Pisuerga, La Bañeza, Medina del Campo, Ponferrada, Benavente, Aranda de Duero, Alba de Tormes, Tordesillas, Roa de Duero, Iscar, Burgo de Osma, Medina de Rioseco, Alaejos y Liébana.

Muchas de estas Económicas tuvieron una vida efímera y la gran mayoría de ellas - de *pueblo* o no - si no a finales del siglo XVIII, en las primeras décadas del XIX, fueron desapareciendo con la misma facilidad que fueron creadas.

Las principales Económicas castellanas y leonesas, por sus realizaciones y actividades fueron las de Segovia, Valladolid, Palencia, Soria, León, Zamora y la Cantábrica, de Santander.

Paula de Demerson, en su ya clásico trabajo sobre la Económica Cantábrica, certera y descriptivamente, nos anticipa en su título, y con referencia al período 1775-1804, la *próspera y adversa fortuna* que corrió esta Económica, cuyo proyecto de fundación, en 1775, contó con importante participación, pues como señala Demerson, " el tema es heróico y por eso mismo, halla tanta aceptación en aquella tierra de hidalgos " (131).

La ciudad de Santander, principalmente durante el reinado de Carlos III, obtuvo importantes beneficios económicos y de establecimiento permanente de instituciones administrativas, políticas y religiosas, en detrimento de las competencias que poseía Burgos, bajo cuya dependencia territorial se encontraban las "montañas" de Santander. También en la constitución de sus respectivas Sociedades Económicas, de Burgos y de Santander, fue favorecida ésta última, eso sí, tras un largo trámite que se prolongó durante más de veinte años.

" 422 individuos naturales y originarios de Cantabria, animados del deseo de hacer feliz en ella la agricultura, ciencias, artes y comercio, [...]", dirigieron al Consejo Castilla con fecha 7 de diciembre de 1775, una solicitud promovida por D. Antonio José del Castillo, acompañada de los estaturos que habían formado (132).

---

(130)Enciso Recio, L. M. Ob. cit. p. 570

(131)de Demerson, P. *Próspera y adversa fortuna de la Real Sociedad Catábrica (1775-1804)*. Consejería de Cultura, Educación y Bienestar Social. Diputación Regional de Cantabria. Santander, 1986. p. 18

(132)AHCP "Sociedad Cantábrica". Leg. 1/ nº 1. Este documento es una circular enviada desde Madrid, en Septiembre de 1791, por Juan Francisco Albo y Helguero, secretario 2º de la Sociedad, en dónde explica como se fraguó y por qué la Cantábrica, dando cuenta igualmente de la aprobación de la Sociedad por el Rey con fecha 12 de Abril de 1791. Ver también: de Demerson, P. *(Próspera y Adversa...)*. Ob. cit. p. 21

La propuesta no fue del agrado del gobierno, muy probablemente, como apunta de Demerson, por "posible litigio sobre denominación Santander y Cantábrica" (133). Y también, bastante más probable, como señala Ballesteros Caballero, porque estimaba el Consejo de Castilla que la "Cantabria histórica", que fijaban sus promotores, "[...] excedía de los límites donde proyectaba actuar la sociedad: las montañas de Santander y Burgos" (134).

En tan largo trámite los promotores santanderinos barajaron y comunicaron al Consejo nuevas denominaciones para su Sociedad, como "Cantábrica de Amigos de la Patria de Santander y Burgos" (135), o como "Sociedad Económica de los amantes de la Patria de Santander " (136); si bien la denominación que fue finalmente aprobada fue la de *Sociedad Económica Cantábrica de Amigos del País.*

En esta espera, Burgos lleva a cabo con fecha 5 de enero de 1785 su primer empeño para constituir su propia Sociedad Económica, presentando el Marqués de Lorca a Campomanes la correspondiente petición para su creación, que al poco le es denegada. Para Ballesteros Caballero, la denegación " [...] fue la primera fase de la decisión política gubernamental de conceder Consulado a Santander; respaldada eso sí, en el aspecto formal solo por el informe negativo del intendente de la provincia [Burgos] " (137).

La Sociedad Cantábrica es aprobada por el Rey el 12 de Abril de 1791, pero el *atolladero administrativo* respecto a la definitiva aprobación de sus estatutos, no se comienza a despejar hasta 1796, cuando, muy probablemente, para acelerar el trámite, la Cantábrica, a instancia del Conde de Villafuertes, ofrece la dirección de la Sociedad a Manuel Godoy, Príncipe de la Paz, quien acepta, una vez consultado el Rey, publicándose la siguiente Real órden: " Enterado el Rey de la representación de V.S., de fecha 14 de junio, en que por sí, y á nombre de la Sociedad Cantábrica, solicita mi nombramiento de Director Nato de ésta, continuando V.S. de Subdirector, y bien persuadido S.M. de mis vivos deseos de promover los establecimientos útiles à la felicidad pública, y de sacrificarme en su servicio, ha venido en acceder à la expresada solicitud. Lo que participo á V.S. de su Real órden para su inteligencia, y de ese Cuerpo Patriótico, á quien asegurará mi reconocimiento á su honra; y que siempre me hallará pronto a proteger sus ideas en beneficio de este pais, y del general del Estado.

San Ildefonso 5 de Agosto de 1796. = El Príncipe de la Paz = Señor Conde de Villafuertes" (138) .

Los estatutos de la Cantábrica fueron aprobados el 20 de abril de 1798, y en cuanto a la organización que regula, como apunta de Demerson, "[...] distaba

---

(133)de Demerson, P. *(Próspera y Adversa...).* Ob. cit. 22
(134)Ballesteros Caballero, F. *La Sociedad Económica de Amigos del País de Burgos (Avance histórico).* Imprenta Aldecoa. Burgos, 1983. p. 28
(135)Idem. Ob. cit. p. 28
(136)de Demerson, P. *(Próspera y Adversa...).* Ob. cit. p. 31
(137)Ballesteros Caballero, F. Ob. cit. p.25. El Consulado del mar de Santander fue aprobado ese año de 1785.
(138)Fernández Vallejo, J. M. *Combinacion de la naturaleza, industria y políticas para hacer feliz a la Cantabria. Discursos. Dirigido a la Junta Pública de Individuos de la Real Sociedad Cantábrica residentes en Madrid.* Imprenta de la viuda e hijo de Marín. Madrid, 1797. p. 26

mucho de la acostumbrada en las demás sociedades. Había una junta superior o de gobierno de residencia movible en Cantabria", variando el lugar de reunión, y sede administrativa, de la junta superior en función de la residencia del vice-director y el secretario (139).

Esta junta superior hace de órgano centralizador de otras *juntas subalternas*, que conforme recoge los estatutos " [...] tendrán cada una doce miembros de número fixo" (140). De las diez juntas previstas inicialmente, en marzo de 1792 solo estaban constituidas oficialmente las de Santander, Carriedo, Villarcayo, Espinosa de los Monteros, Reinosa, Santillana y Potes. En 1796 se suma Laredo, y en posteriores años, se constituyen las Juntas de Santoña, Torrelavega, Burgos, Poza, Valle de Carriedo, Valle de Buelna. En 1802 eran catorce las juntas subalternas constituidas (141). Es llamativo el caso de la junta de Burgos, pues como señala Ballesteros Caballero, era *infrecuente que una capital de provincia* pudiera ser subordinada o subalterna de la de Santander. Esta situación, ciertamente anómala, se corrigió en virtud de la R.O. de 9 de Junio de 1815, que dispuso la organización de Sociedades Económicas en las capitales de provincia donde faltasen. El 21 de enero de 1816 se constituye oficialmente la Sociedad Económica de Amigos del País de Burgos (142).

La Sociedad contaba igualmente con una junta de Diputación en Madrid, que presidía el duque del Infantado, cuyas reuniones eran más regulares que las celebradas en Cantabria, en donde, al menos hasta 1802, " se celebran pocas y espaciadas " y con escaso número de asistentes, muy probablemente, como apunta de Demerson, por "los gastos que ocasionaban los desplazamientos" (143).

En cuanto a la junta subalterna de Potes, en 1799 la componía veinte miembros de los cuales cuatro residian en Madrid (ver cuadro – 18). Un cuarenta por ciento de estos miembros, podemos constatar, se reparten en grupos ocupacionales como el clero, la Administración, el ejercito y las profesiones liberales. El resto, muy probablemente, estaría encuadrado en los grupos de propietarios y comerciantes. La cuota anual de socio ascendía a 50 reales, cantidad no desdeñable en esa época (144).

La subalterna de Potes, podemos comprobar, tenía constituidas cuatro comisiones, integrando la de *ciencias,* cuatro miembros; la de *instrucción pública*, tres miembros; la de *agricultura*, tres miembros, y la de *artes y comercio*, tres miembros (145).

Las actividades y realizaciones de la Cantábrica en estos años se concentran en las que, en su mejor espíritu ilustrado, ocupa a la mayoría de las Económicas, y que

---

(139)de Demerson, P. (*Próspera y Adversa...*). Ob. cit. p. 42.
(140)Los Estatutos de 1798 pueden consultarse en : BMS " Libro noticias curiosas". R - 288 / 91.
(141)de Demerson, P. *(Próspera y Adversa...)*. Ob. cit. pp. 93-103
(142)Ballesteros Caballero, F. Ob. cit. pp. 27-28
(143)de Demerson, P. *(Próspera y Adversa...)*. Ob. cit. pp. 71-73
(144). Miembros de la Junta Subalterna de Potes a fecha 27 de diciembre de 1799 . B.M.S. "Libro noticias curiosas". R - 297 / 91.
(145) Miembros de la Junta Subalterna de Potes. B.M.S. "Libro noticias curiosas". R – 297 / 91

CUADRO - 18

MIEMBROS DE LA JUNTA SUBALTERNA DE POTES

(A FECHA 27 DE DICIEMBRE DE 1799)

Josef Gregorio de Bedoya	Josef Bulnes Alsedo
José Fernández de la Concha	Ángel Tomás de Cosio
Vicente García de Cosgaya	Clemente García de Hoyos
Manuel de la-Madriz y Obeso	Vicente Narciso del Arenal
Venancio Fernández Arenas	Antonio Mata
Antonio Noriega Sánchez de Cazo	Manuel Otero Sánchez
Pedro Pedrero	Vicente de Posada
Josef Cayetano de Soberón	Toribio Vélez de las Cuevas

MIEMBROS EN MADRID

Marcos Fernando del Arenal
Josef Antonio de la Bárcena
Miguel Gutiérrez de Cabiedes
Esteban de Linares

Fuente : Elaboración propia . B.M.S. " libro noticias curiosas" R – 297 / 91.

se centran en la propuesta de introducción de nuevos cultivos como expresa en sus discursos Fernández Vallejo (146). El reparto de terrenos baldios, en 1801, es otra importante, aunque finalmente frustrada, propuesta de la Sociedad (147).

La educación es otra *ambición* de la Cantábrica. Funda, ya en los primeros tiempos, un colegio de niñas en Santander, y el Real Seminario Cantábrico para varones, siguiendo el tipo educativo pestalozziano. La Económica desde su fundación persigue " [...] reunir bajo su batuta todos los centros docentes desperdigados por su amplio territorio y dirigir según sus propias normas y criterios la educación de los jovenes cántabros" . (148)

En Cantabria existen en ese tiempo numerosas obras pías que sostienen escuelas y centros docentes. De entre ellas, por su importancia y capital económico, se encuentra la obra pía de Espinama, fundada por el indiano lebaniego Alejandro Rodriguez de Cosgaya, y con la que en palabras de Demerson, "se cometió una tropelía", pues en 1804, en razón a que " la fundación no se arreglaba a la Ley recopilada del Reyno y careciendo pues de las circunstancias prevenidas en ella, se suprimía y pasaban sus caudales a la Económica Cantábrica" (149).

Con la guerra de la Independencia cesa la actividad de la Cantábrica, y aún a pesar de la Real orden de 9 de Junio de 1815, llamando a la actividad de las

---

(146)Fernandez Vallejo, J. M. Ob. cit. pp. 18-105. Los prados artificiales; la producción de seda o el cultivo de la patata son objeto de estudio y propuesta por la Cantábrica.
(147)AHPC "Sociedad Cantábrica". Leg. 1 / nº 18. Terrenos baldios. Ver citas (195 a 197)
(148)de Demerson, P. *(Próspera y Adversa...)*. Ob. cit. p. 41
(149)Idem. Ob. cit. p. 162

Económicas, han de pasar cerca de veinte años para su reestablecimiento (150).

En 1836, como el resto de Económicas, la Cantábrica se regula por unos nuevos estatutos que introducen parte de las modificaciones planteadas en la R.O. que al efecto publicó la Regencia. Ya no existen las juntas subalternas, pues desde 1815 las Económicas pueden constituirse en pueblos, y también varía su denominación, principalmente atendiendo a la nueva división territorial de España, de 1833, pasando a denominarse Real Sociedad Económica Cantábrica de la Ciudad de Santander (151).

En los años posteriores la actividad de la Sociedad parece centrarse en la situación y cuentas del antiguo Seminario Cantábrico, y la creación del Instituto Cantábrico, para el que ya en 1839 se concluye incluso su reglamento para el gobierno interior de la Junta directiva (152).

En 1840, nos consta que en la secretaría de la Cantábrica tienen entrada los estatutos de la recien creada Sociedad Económica de Amigos del País de Liébana (153). A partir de esta fecha, al menos como Económica, su actividad es inexistente, hasta 1877, en que, " [...] sacándola de los archivos en que yacía, la resucitaron", entre otros, Cornelio de Escalante, Felipe Díaz, Genaro de Cos y Santiago Sautuola. Pero a esta *resucitación* siguió un estado de *marasmo* del que rayando el final de los ochenta le saca su nuevo Director, José Ramón López Dóriga, como queda recogido en la Memoria de la Sociedad correspondiente al año 1889, presentada por su secretario Sinforoso Quintanilla (154).

Las noticias o referencias posteriores a la Cantábrica son escasas en número e interés, y al poco de entrar el siglo XX, De Labra llega escribir que: "no se sabe nada de la de Santander " (155).

1) La Económica de Liébana : a modo de introducción

En Liébana, en concreto en Potes, ya desde finales del siglo XVIII, hemos visto que operaba una *reunión* de Amigos del País, dependiente de la Económica Cantábrica, que como señala Lanza, dirige su actividad a tareas *técnicas*, "[...] como la difusión de la patata y los repartos de baldíos entre 1792-1802 (156); aunque sobre el reparto de baldíos, ciertamente, más desde un planteamiento teórico que práctico y efectivo. De la actividad y continuidad de esta *reunión* en los años posteriores a 1802 nada conocemos hasta este momento.

---

(150)GACETA DE MADRID del 15 de enero de 1833. R.O. sobre restablecimiento de la Económica Catábrica
(151)Sobre las nuevas reglas de los estatutos ver: GACETA DE MADRID del 4 de mayo de 1835. La Regencia rectifica y aclara algunos extremos sobre la mofificación de estatutos de las Económicas, ver: GACETA DE MADRID de 21 de febrero de 1836. Sobre los nuevos estatutos de la Cantábrica de 1836, ver: BMS. "Libro de noticias curiosas" R-289191
(152)AHPC "Sociedad Cantábrica". Leg. 1 / nº 25. Instituto Cantábrico. Reglamento régimen interior Junta directiva
(153)AHPC "Sociedad Cantábrica". Leg. 1 / nº 9. Recepción oficio acompañando los estatutos de la Económica de Liébana.
(154)Real Sociedad Económica Cantábrica de Amigpos del País. *Memoria actividades año sociak 1889-1890.* Imprenta de F. M. Martínez. Santander, 1890. pp. 3-5
(155)De Labra Cadrana, R. Mª. Ob. cit. p. 350.
(156)Lanza García, R. (*Población y familia...*). Ob. cit. p. 30

No obstante, hay que tener en cuenta que las Económicas quedaron en su práctica totalidad inactivas con el inicio de la guerra de la Independencia y, salvo durante el trienio liberal 1821-1823 – en el que muchos Amigos del País fundaron y nutrieron las Sociedades Patrióticas - bastantes de ellas no reestablecen sus actividades hasta 1833 (157).

Aún cuando en virtud del decreto de 8 de junio de 1813 se anima a que se establezcan Económicas en las *capitales de provincia y pueblos en que no las hubiese*, sólo consta que se fundaron las de Santa Cruz de Tenerife (1813), Badajoz (1816), Burgos (1816) y, algo más tardía la de Barcelona, en 1822 (158). Lo que nos hace suponer que los integrantes de la junta subalterna de Potes, no consideraron desgajarse de la inactiva Económica Cantábrica o, simplemente, desecharon la posibilidad de fundar una Económica en su localidad o comarca. De hecho, en 1835, Matías de La Madrid, residente en Potes – hijo de uno de los fundadores de la junta subalterna local, Manuel de La-Madriz y Obeso - es propuesto por la Cantábrica como socio corresponsal, y acuerda la impresión de su *Memoria sobre los grandes Montes y demás riquezas de Liébana* (159). Además, en 1836 los nuevos estatutos de la Cantábrica ya no contemplan la organización de juntas subalternas, y su denominación – habiéndose constituido territorialmente la provincia de Santander - pasa a ser Real Sociedad Económica Cantábrica de Amigos del País de Santander (160).

En 1834, Liébana se halla fraccionada políticamente. Los nuevos grupos dirigentes económicos y los clanes familiares de poder tradicional maniobran con todas sus armas ante las posibilidades y prebendas funcionariales, que ofrece la nueva configuración administrativa del Estado liberal de la regencia de María Cristina (161).

De entre los diferentes grupos, el más favorecido en esta etapa del nuevo Estado es el que integran individuos y clanes familiares que siendo tradicional e inequívocamente conservadores toman la vía pragmática de no vincularse a la corriente absolutista plenamente identificada con el pasado régimen fernandino, y optan por un *liberalismo instrumental*, situándose ideológicamente en el grupo moderado conservador, también denominado *central*, y que logran hacerse con los puestos más destacados de la Administración del Estado en la comarca: Felix del Arenal y Cuesta, Administrador de rentas del partido, en 1834; Vicente Gómez de Enterría, Promotor fiscal del juzgado, en 1835, y Celedonio de Linares, Comisionado de amortización, en 1837. Por supuesto, otros miembros de sus clanes familiares e individuos de su facción política, encuentran en este *contexto*, como señala Estrada Sánchez, "[...] una coyuntura favorable que les permita, adquirir en unos casos, o ampliar en la mayoría, su preeminencia local, de tal modo que favorecidos, bien por la política desamortizadora desarrollada a partir del gobierno Mendizábal [entre otros, Sánchez de las Cuevas, Gutiérrez de Caviedes, Gómez de Enterría], bien como beneficiarios del que podemos denominar negocio de la guerra

---

(157) Sociedad Patriótica de Santander (1820), y a una nominada Sociedad Económica-Patriótica de Potes.
(158)De Labra Cadrana, R. Mª. Ob. cit. p. 328
(159)AHPC "Sociedad Cantábrica" . Leg. 1 / 21. Carta de Matías de La Madrid dirigida al secretario de la Cantábrica, Sr. Eguaral, de fecha de abril de 1835, agradeciendo la propuesta de ser socio corresponsal en Potes.
(160)AHPC "Sociedad Cantábrica". Leg. 1/ 4. Lista de miembros de la Cantábrica en 1836. Curiosamente no aparece de La Madrid.
(161)Estrada Sánchez, M. (*La lucha por el poder...*). Ob. cit. p. 28

[1ª guerra carlista], se sientan elementos partícipes del nuevo entramado político" (162).

En el moderantismo lebaniego, encuadrados en el sector más *autoritario* – con cierta afinidad al carlismo - figuran miembros de las familias Colmenares, Soberón, Lama o Rábago. Por su lado, los liberales progesistas son escasos en la comarca, destacando Antonio Díaz de La Madrid, Felipe de Cosío y Angel Martínez de Bedoya (163).

En esta estructura comarcal de poder político, económico y funcionarial en el que unos individuos y clanes familiares concretos todo lo ambicionan y acaparan para sí, debió fraguarse la fundación de una Económica – institución políticamente neutra - que, por un lado, les permita también desde esta esfera *ilustrada* reclamar, mover y allanar ante las diferentes administraciones públicas – y no en nombre propio sino en el de la comunidad - la mejora o nuevas realizaciones de infraestructuras que faciliten sus negocios y nuevos proyectos comerciales y, por otro lado, constituir con la Económica un grupo de influencia, incluso de presión, con presencia en la capital provincial y la corte, al tiempo que estar posicionados como *Amigos del País* para controlar y maniobrar, conforme a sus intereses, ante las iniciativas o cambios económicos o sociales implulsados desde el ámbito de la Administración provincial o estatal.

No podemos precisar, como señala Lanza, hasta que punto la Económica de Liébana es heredera *intelectual* de la junta subalterna de Potes, de la Cantábrica, (164); pero no cabe duda que en ambas hallamos cuanto menos tres aspectos que muestran similitud en su proceder societario :

- Ausencia de interés y, por tanto, de realizaciones en favor de la instrucción primaria y profesional (uno de los fines fundamentales de las Económicas) .
- Poco o nada se ocupan ambas de la racionalización económica de la agricultura y la ganadería, no sólo en los cultivos y sus técnicas, sino también en hacer posible se extienda el acceso a la propiedad agraria de los que no la poseen, aumentándose con ello la extensión cultivada y la mejora económica y social de su comarca (uno de los fines fundamentales de las Económicas) .
- Desinterés prácticamente absoluto por la difusión y creación de actividades productivas distintas, o complementarias, de la agricultura : una *industria popular* (uno de los fines fundamentales de las Económicas).

2) Fundación y estatutos

Por la fecha que recoge sus estatutos, en los que ya aparecen incluso los miembros y respectivos cargos de la junta de gobierno de la Sociedad, podemos considerar que ésta se fundó formalmente el 13 de diciembre de

---

(162)Estrada Sánchez, M. (*La lucha por el poder...*). Ob. cit. p. 28-29
(163)González Fernández, M. Ob. cit. p. 162. Respecto a los ceses y los cambios políticos en Liébana entre 1840 y 1843,
ver : Estrada Sánchez, M. (*La lucha por el poder...*). Ob. cit. pp. 35-42
(164)Lanza García, R. (*Población y familia...*). Ob. cit. p. 30

1839 (165). Todavía no se ha producido la pérdida del poder de los moderados, ni el acceso al gobierno y la regencia del general Espartero, que supuso un descalabro para el grupo dirigente lebaniego – para algunos individuos y clanes familiares ya referidos - que acaparaban los principales puestos de la administración comarcal y, que forman parte también del núcleo fundador de la Económica de Liébana.

En siete capítulos que desarrollan ventidós artículos, más otro "único", los estatutos de la Económica de Liébana se ajustan al marco de lo dispuesto por la Real orden de 4 de mayo de 1835, y así al declarar en su artículo 1, *objeto de la sociedad*, su dedicación a "promover la agricultura, las artes, el comercio y las ciencias útiles al país", expresa a continuación que " ni por escrito, ni de palabra se tratará en ella de asuntos que versen sobre otros objetos" (166).

En cuanto a los socios, además de los requisitos habituales de edad, *ocupación honrosa* y buena conducta, los estatutos requieren del candidato *celo por el bien público*. Se establecen tres clases de socios: numerario, distinguido y de mérito. Entre sus obligaciones, además del abono de una cuota anual de 30 rs. vn., se fija el " [...] cooperar con sus luces y conatos a la felicidad del país, alentar los talentos, estender y fomentar proyectos útiles" (167).

La sociedad para sus trabajos se divide en tres secciones, o comisiones permanentes: de agricultura, de comercio y artes y de ciencias naturales e instrucción pública. Todos los socios deben pertenecer al menos a una sección, y cada una de éstas contará con un presidente y dos secretarios (168).

La dirección y gobierno de la Económica de Liébana, conforme a los estatutos, dispone en su capítulo VI, *de los funcionarios de la sociedad*, artículo 20, que " la sociedad tendrá un director, dos consiliarios, censor el uno, y el otro archivero, dos secretarios, un contador y un depositario. Los cinco primeros formarán la mesa o junta de gobierno, sustituyéndose unos a otros por el orden con que van nombrados. Estos cargos gratuitos serán conferidos por votación secreta a pluralidad absoluta, y renovados cada año, menos un consiliario y un secretario que durarán dos años. En todos puede tener lugar la reelección, pero deben concurrir las dos terceras partes" (169).

Además de los trabajos de cada una de las secciones, la sociedad celebra juntas ordinarias "los primeros y terceros domingos de cada mes". En la junta general, que tendrá lugar "el tercer domingo de junio de cada año", se presentará una *memoria redactada* sobre los trabajos y proyectos de la sociedad en los doce meses precedentes, así como también la cuenta del depositario y el presupuesto de gastos. En esta Junta también se eligirá a los funcionarios de la sociedad (170).

---

(165)Sociedad Económica de Amigos del País de Liébana. *Estatutos de la Sociedad Económica de Amigos del País de Liébana*. Imprenta de la Compañía Tipográfica. Madrid, 1840.
(166)Sociedad Económica de Amigos del País de Liébana. (*Estatutos...*). Ob. cit. p. 3
(167)Ídem (Estatutos...). Ob. cit. pp. 3-6
(168)Idem. (*Estatutos...*). Ob. cit. p. 7
(169)Ídem (*Estatutos...*). Ob. cit. pp. 7-8
(170)Idem. (*Estatutos...*). Ob. cit. pp. 6-7

La sociedad se organizó con estos estatutos a lo largo de todo el siglo XIX, y parte del XX, pues no parece, ni consta documentalmente, que la Económica de Liébana introdujera en ningún momento las reformas estatutarias dispuestas por el gobierno en 1869, que fijaban nuevos cargos directivos como el de presidente, vicepresidente y archivero-bibliotecario, y eliminaban los cargos de censor y contador. Igualmente se modificaba la duración de los mandatos directivos que pasaban de uno a dos años para su renovación (171).

Las Económicas contaban con su emblema y, en muchos casos, con un lema que encerraba su afán e ideal o aspiración material o simple mensaje con moralina : *Socorre enseñando* (Matritense); *Al bien público* (Cuenca); *Más riego con mayor caudal* (Jaca), o *El ocio para nadie es provechoso* (Soria). La Económica de Liébana no contaba propiamente con un lema, pero sí con emblema, que mantiene a lo largo de su existencia. González Echegaray, lo describe : " es de forma oval apaisado. Su bordura lleva la inscripción : SOCIEDAD ECONÓMICA DE AMIGOS DEL PAIS DE LIÉBANA, y el centro representa un paisaje en cuyo próximo horizonte destacan varios árboles copudos y dos vides frutadas. En primer término y sobre el terreno, un libro, una escuadra, un compás y diversos frutos, así como un haz de espigas " (172).

3) Socios y Juntas directivas

Por la única relación de socios conocida correspondiente a este siglo XIX, de fecha 21 de Junio de 1841 (ver cuadro-19) se observa que las familias lebaniegas, Gómez de Enterría, Gutiérrez de Caviedes, de Linares y de La Madrid, suman veinticinco miembros del total de socios que asciende a noventa y dos. Por algunos de los socios se constata que está presente el moderantismo autoritario, pero no así los liberales progresistas más representativos de la comarca (173).

Es de destacar que de los noventa y dos socios, cerca de un tercio reside fuera de Liébana, y no en todos los casos mantienen éstos origen, familia o intereses en la comarca (ver cuadro-20) por lo que su participación directa en secciones o juntas de la Económica está sumamente limitada por la distancia. Es preponderante, un 62 %, el número de socios residentes en Potes, capital comarcal, de entre los viven en Liébana. Potes es el centro comercial, administrativo y judicial de Liébana, en donde tienen su residencia los funcionarios y principales propietarios y clanes familiares aún cuando sus propiedades estén en otros municipios de la comarca.

En lo que interesa a la pertenencia socio-profesional de cada uno de los

---

(171)ARSEM Legajo 538 / 4 (año 1872). Oficio de la Económica de Liébana comunicando los integrantes elegidos para su Junta de 1.872. Los cargos comunicados mantienen la denominación anterior a 1869. Para un mayor detalle de la reforma de 1869, ver: Enciso Recio, L. M. Ob. cit. pp. 574-575
(172)González Echegaray, C. Ob. cit. p. 157
(173)Sociedad Económica de Amigos del País de Liébana. *Memoria de los trabajos y proyectos de la Sociedad Económica de Amigos del País de Liébana en su año social de 1840 a 41, leída en su Junta General de 20 de junio, e impresa por acuerdo de la misma.* Imprenta de D. E. Aguado. Madrid, 1841. pp. 33-34

CUADRO - 19
SOCIEDAD ECONOMICA DE AMIGOS DEL PAIS DE LIEBANA
RELACION DE SOCIOS CONOCIDOS Y SU LOCALIDAD DE RESIDENCIA
(Junio de 1841)

Socio	Localidad	Socio	Localidad
Celedonio de Linares y Bulnes	Potes	Vicente Gómez de Enterría	Potes
Severo Gutiérrez de Caviedes	Potes	Severiano Gómez de Enterría	Potes
José de Salceda y Molleda	Potes	José Gutiérrez de Caviedes	Potes
León de Linares y Bulnes	Potes	Vicente José de La-Madrid	León
Diego Martinez	Potes	Manuel Muñiz	Potes
Felipre Gutérrez de Caviedes	Potes	Isaac de Linares y Celis	Potes
Juan González de Celoca	Potes	Marcelo de Linares y Soberón	Potes
Matías de La-Madrid y M. de la Vega	Potes	José de Berdeja y La-Madriz	Potes
Jacinto de Monasterio y Caldas	Potes	José Pérez Roldán	Potes
Vicente Fernández de Peregata	Potes	Juan de Noriega y Hoyos	Potes
Juan Nepomuceno de Josué	Potes	Lorenzo Fernández de Cosío	Buyezo
Francisco Antonio de Caldas	Viñon	Manuel María de Quijano	Potes
Juan Eusebio de Mier	San Pelayo	Vicente Gómez de la Peña	Potes
Julián Rodriguez	Potes	Pedro de Encinas	Potes
Miguel Fernández Campillo	Potes	Felix del Arenal y Cuesta	Potes
Nicolás Diaz de La-Madriz	Castro Urdiales	Melchor de Posada	Potes
Valentín Diez de la Cortina	Potes	José Martinez de La-Madrid	Potes
Manuel de la Peña	Potes	Domingo Pérez de Celis	Potes
José García de la Foz	Potes	Victoriano Gutierrez de Caviedes	Potes
Hilarión de las Cuevas	Potes	Miguel de las Cuevas y Bustamente	Potes
García de La-Madriz y M. de la Vega	Potes	José Antonio de la Lama	Armaño
Angel Gómez de Enterría	Madrid	Juan José de La-Madriz y Obeso	Jaén
José de La-Madriz y M. de la Vega	B. de Campos	José de Posada Monasterio	Aliezo
Pedro Gómez de Enterría	Espinama	José González de la Ribera	Espinama
Pablo Roiz de la Parra	Frama	Santos Narezo Pérez	Frama
Francisco del Palacio	Lerones	Julián Sánchez de las Cuevas	Tollo
Enrique de Linares y M. de la Vega	Tama	Miguel Calvo y Brizuela	Pendes
Celestino del Arenal	Leveña	Gerónimo Roiz de la Parra	Santander
Antolín Gómez	Lerones	Alfonso de Linares y Soberón	Madrid
Manuel Pérez de la Vega	Bendejo	Marcelino de Abella Fuertes	Llamas de Canero
Mariano de Prellezo Isla	Madrid	Joaquín de las Cuevas y Cosío	Cosío
Santiago Vicente de las Cuevas	Baró	Excmo. Sr. Conde de la Cortina	Madrid
José Diez de Caraves	Aniezo	Mariano Cordero	Potes
Domingo de Monasterio	Fuentes de Duero	Luis Rodriguez de Camaleño	Oviedo
José Seco Baldor	Madrid	José del Corral y Mier	Melgar
Bernardino del Corral y Mier	Revenga	Antonio de Castilla	Santander
José de Linares y Soberón	Muñecas	Eusebio de Colmenares y Obregón	Balmeo
José de Colmenares y Prellezo	Madrid	Juan Sánchez de Linares	Toledo
Tomás de Soberón	Aliezo	Isidoro Rodriguez	León
Francisco Alonso de la Bárcena	Potes	Alejandro de Viaña	Campo de S. Roque
Martín García de Trasierra	Castro	Toribio de Hoyos	Colio
José Pesquera Pérez	Valdeon	Antonino Gutiérrez Solana	Santander
Angel García	San Pelayo	Manuel José de La-Madriz	Potes
Manuel Abascal Pérez	Potes	Alfonso de Soberón y Arenal	La frecha
Gregorio García de la Foz	Potes	Dionisio de Echegaray	Santander
José Verdes Montenegro	Brihuega	José Antonio Fernández	Barago

Fuente : Elaboración popia, partiendo de *Memoria de la Sociedad Económica de Amigos del País de Liébana (1840-1841). Ob. cit. pp. 33-36*

Socios existentes en 1841, se recogen clasificaciones ocupacionales aportadas por trabajos de investigación similar. No obstante, sí es preciso señalar que en este caso la utilización del grupo ocupacional "propietario" – que usa también la propia Económica - aún siendo un término socio-profesional que puede resultar poco definitorio en general, pues igual designa a quien posee una gran fortuna como al que posee una pequeña propiedad, para este caso es perfectamente aplicable entendiendo que en el ámbito agrario decimonónico el propietario por excelencia es el "propietario agrícola", que posee una extensión de tierras considerable. También se señala el grupo ocupacional de "propietario y labrador" – que igualmente usa la propia Económica - interpretando que en este caso particular guarda cierto sentido con la comarca, pues salvo – en cierta medida - en la viticultura, los propietarios de tierras y ganado lebaniegos los tenían arrendados, siendo muy pocos los que explotaban directamente su propiedad agraria que puede que no fuera muy extensa pero sí suficiente: quizás, de entre los socios, los cuatro que figuran como "propietarios y labradores" (ver cuadro-21).

CUADRO – 20

SOCIEDAD ECONOMICA DE AMIGOS DEL PAIS DE LIEBANA
Nº. DE SOCIOS CONOCIDOS Y PORCENTAJES SOBRE EL TOTAL
POR SU RESIDENCIA
(Junio de 1841)

POTES		RESTO DE LIEBANA		RESTO CANTABRIA		RESTO DE ESPAÑA		Nº. TOTAL SOCIOS
Nº. Socios	% S/Total	Nº. Socios	% S/Total	Nº. Socios	% S/Total	Nº. Socios	% S/Total	
41	44,56	25	27,18	6	6,52	20	21,74	92

Fuente: Elaboración propia, partiendo de la *Memoria de los trabajos y proyectos…1840 al 41*. Ob. cit. pp. 33-36

CUADRO – 21
SOCIEDAD ECONOMICA DE AMIGOS DEL PAIS DE LIEBANA
DISTRIBUCION Y PORCENTAJES POR SECTORES SOCIO-PROFESIONALES
TOTAL DE SOCIOS CONOCIDOS RESIDENTES Y NO RESIDENTES
(Junio de 1841)

GRUPOS OCUPACIONALES	Nº. DE SOCIOS	% SOBRE TOTAL
Nobleza	1	1,08
Propietarios	43	46,74
Propietarios y Labradores	4	4,34
Comerciantes	6	6,52
Clero	13	14,14
Militares	1	1,08
Miembros de la Administración	14	15,23
Miembros de profesiones liberales	9	9,79
Artesanos	0	0
Artistas	1	1,08
	92	100

Fuente:Elaboración propia, partiendo de la *Memoria de los trabajos…1840 al 41*. Ob. cit. pp. 33-36

Del total de socios conocidos a Junio de 1841, un 52,16 % son "propietarios". En este grupo se incluyen dos socios que la Económica de Liébana cataloga como "capitalistas", así como a todos aquellos que declarando dos o más actividades, la primera – comprensiblemente la principal- es la de "propietario". Le siguen en importancia númerica los grupos de "miembros de la Administración", con un 15,23 %, y del "clero" con un 14,14 %. Merece destacar por su escasa representación a los "comerciantes" y a los "miembros de profesiones liberales". La ausencia de "artesanos" es llamativa, pues en Liébana – aunque en bastantes casos ciertamente como complemento para alcanzar la subsistencia anual - el número de artesanos es importante (174). Y también no resulta menos llamativo que la Económica clasifique a un socio como "artista" cuando probablemente fuera más apropiado "artesano o inventor", pues la referencia que existe sobre su trabajo es el haber presentado a la Económica una *escopeta de pistón* con la particularidad de *no tener llave exterior* (175).

Pero, ciertamente, mucho más clarificador es conocer los grupos socio-profesionales de los miembros de la Sociedad exclusivamente residentes en Liébana, que presumiblemente debe poseer un conocimiento exacto y pleno de las muchas necesidades económicas, sociales y educativas de la población en general, y a los que también corresponde una participación más directa en la dirección y gestión de los proyectos de la Económica para redimir la lamentable situación de su país (ver cuadro-22).

De entre los socios residentes en Liébana el número de "propietarios" es muy considerable y supone un 60,60 % sobre el total. Le siguen en importancia los grupos del "clero", con un 13,66 % y de los "miembros de profesiones liberales" con un 9,09 %. En cuanto a los "miembros de la Administración", con un 7,57 %, se incluyen, por no facilitar otra actividad, a los *cesantes*. La participación en la Económica de los "comerciantes" residentes es prácticamente testimonial con un 7,57 %.

Si al elevadísimo número de "propietarios", como apunta Lanza, sumáramos casi la totalidad de los profesionales liberales – los intelectuales académicos - por su procedencia familiar, podemos afirmar que " [...] el sector terrateniente no es mayoritario sino abrumador" (176). Sin embargo teniendo estos "propietarios" esa consideración profesional y empresarial por sus posesiones agrícolas y ganaderas, y también algunos con actividades de crédito al por menor, podría creerse que en la Económica prima la preocupación por el desarrollo, la formación profesional y la mejora productiva agraria, pero no es así, pues los *terratenientes* – con bastantes de sus *cachorros*, formados académicamente, y ya rectores intelectuales de los patrimonios familiares - apuntan hacia nuevas actividades económicas orientadas a la comercialización, la explotación de espacios públicos, minería, etc.; pero manteniendo los tradicionales métodos de obtención de las materias primas a *esportar,* como señala Lanza , " [...] por medio del arriendo y la contratación de

---

(174)Parece que para los rectores y mayoría de socios de la Económica el elemento artesano, - entre los oficios útliles – era poco o nada deseable, pues la comercialización de sus productos es directa - no necesitan compañías o agencias mediadoras -, y además son vistos como depredadores de la madera de los bosques lebaniegos. Ver: LA ESPAÑA del 21 de abril de 1853. Dura crítica a los constructores de carros y aperos agrícolas.
(175)Sociedad Económica de Amigos del País de Liébana. *(Memoria de los trabajos... 1840 al 41...)*. Ob. cit. p. 26
(176)Lanza García, R. *(Población y familia...)*. Ob. cit. p. 30

SOCIEDAD ECONOMICA DE AMIGOS DEL PAIS DE LIEBANA
DISTRIBUCION Y PORCENTAJES SOCIO-PROFESIONALES
TOTAL SOCIOS CONOCIDOS RESIDENTES EN LIEBANA
(Junio de 1841)

GRUPOS OCUPACIONALES	Nº. DE SOCIOS	% SOBRE TOTAL
Nobleza	0	0
Propietarios	36	54,54
Propietarios y Labradores	4	6,06
Comerciantes	5	7,57
Clero	9	13,66
Militares	0	0
Miembros de la Administración	5	7,57
Miembros de profesiones liberales	6	9,09
Artesanos	0	0
Artistas	1	1,51
	66	100

Fuente: Elaboración propia, partiendo de la *Memoria de los trabajos...1840 al 41...* Ob. cit. 33-36

campesinos como asalariados"; que tantos beneficios aportaban a las *casas fuertes*, por la imposición ventajista de un sistema de arrendamiento de la tierra y del ganado propio del Antigüo Régimen, y la especulación de los frutos de las cosechas, en una comarca importadora de grano (177).

Este peso e intereses de los propietarios lógicamente se hace patente no sólo en la orientación general, prioridades y contenido de los proyectos que va planteando la Económica, sino que también ocupan sus diferentes cargos directivos.

A pesar de las dificultades de obtener datos y consultar documentos oficiales de la Sociedad, y no tanto por su dispersión o por su propiedad no pública, sino también, cabe decir, porque no parece que la Económica de Liébana generara información o cursara trámite alguno durante sus extensos períodos de parcial o total inactividad a lo largo del siglo XIX, y anticipando las reservas debidas al hecho de que las informaciones aparecidas - sobre las Económicas - en la *Guía de Forasteros en Madrid* (1840 a 1872) y en la *Guía Oficial de España* (1873-1899), o bien no recojen durante ciertos períodos – 1873-1899 - información alguna sobre juntas directivas de las Económicas - salvo la Matritense -, o bien en algún año o años puede aparecer mecánicamente información de su edición anterior al no haber recibido comunicación actualizada de la Económica interesada, recogemos (ver cuadro - 23) las diferentes juntas directivas conocidas, ya completas o incompletas,

____

(177) Lanza García, R. (*Población y familia...*). Ob. cit. p. 76

de la Económica de Liébana de 1839 a 1880 (178).

En el referido cuadro aparecen las directivas, agrupadas en períodos de cinco años, recogiendo para cada uno de los cargos, en orden descendente - el primero es es el más antigüo - los nombres de los socios que consta han ido sucediéndose en los mismos.

CUADRO – 23

SOCIEDAD ECONOMICA DE AMIGOS DEL PAIS DE LIEBANA
JUNTAS DIRECTIVAS CONOCIDAS DE 1839 A 1880

PERIODO	1839-1845	1846-1850	1851-1855	1856-1860	1861-1865	1866-1870	1871-1875	1876-1880 **
Director	Matias de La-Madrid	Matias de La-Madrid	Matias de La-Madrid	Matias de La-Madrid	Matias de La-Madrid	Matias de La-Madrid	Benigno * de Linares	Benigno de Linares
Censor	Manuel Mª De Quijano	Manuel Mª De Quijano Miguel de los Santos Cuevas	Miguel de los Santos Cuevas	Miguel de los Santos Cuevas Angel Gómez de Enterría	Angel Gómez de Enterría Benigno de Linares	Benigno de Linares	Lucrecio Josué	
Secretario 1ª	Juan Nepomuceno Josué Francisco A. de la Bárcena	Victoriano Gutiérrez de Caviedes Anselmo Martín	Anselmo Martín	Anselmo Martín José Carande	José Carande Anselmo Martín Juan Linares Argüelles	Juan Linares Argüelles	Juan Linares Argüelles	Juan de Macias
Secretario 2º	Vicente Gómez de Enterría			Desiderio García de la Foz	Desiderio García de la Foz		Gregorio Muñiz Valbuena	
Archivero	Victoriano Gutierrez de Caviedes				Juan Linares Argüelles Tomás Noriega Y Cosío	Tomás Noriega y Cosío Anselmo Martín	Anselmo Martín Angel Fco. Soblechaero	
Contador				Celedonio Linares Bulnes	Tomás Noriega y Cosío Gregorio Muñiz Valbuena	Gregorio Muñiz Valbuena Pedro Encinas	Pedro Encinas Claudio Pérez de Celis	
Depositario	Melchor de Posada				Francisco Ruiz Isla	Francisco Ruiz Isla	Francisco Ruiz Isla Francisco Pérez	

Fuente: Elaboración propia, partiendo de la *Guía de Forastero en Madrid* y *Guía Oficial de España*, ediciones años 1839-1899.
Notas : *El año 1870 fallece el director Matías de La Madrid. Hasta 1872 no aparece como director Benigno de Linares.
** Del año 1880 nos consta documentalmente el oficio que la Económica de Liébana dirige a la Matritense comunicando el nombramiento como secretario de Juan de Macías. Ver : ARSEM legajo 589 / 5 (año 1880)

---

(178)GUIA DE FORASTEROS EN MADRID. Edición anual de 1839 a 1872. Imprenta Nacional, Madrid; y GUIA OFICIAL DE ESPAÑA. Edición anual de 1874 a 1899. Imprenta Nacional, Madrid. De ambas Guías tenemos acceso en la Web, en sección "Hemeroteca Nacional", de la Biblioteca Nacional. Por otro lado, y sobre la ausencia de documentos y escasa información de la Económica de Liébana, es de lamentar no contar con el texto de la conferencia que pronunció en la Sociedad Matritense, con fecha 3 de Mayo de 1952, Santiago Fuentes Pila, bajo el título "Génesis social-histórico de las Reales (sic) Sociedades Económicas, la Cantábrica y la de Liébana", (ABC, del 4 de Mayo de 1952).

Matías de La Madrid y Manrique de la Vega, es el primer director de la Económica de Liébana, ocupando el cargo durante treinta y un año consecutivos. Hijo *segundon* de una reconocida familia de mayorazgos lebaniegos, su padre, Manuel de La-Madriz y Obeso, Caballero de la Orden de Carlos III, fue miembro destacado de la junta subalterna de Potes, de la Cantábrica.

Nació Matías de La Madrid en Bárcena de Campos, Palencia, en 1792, y durante la guerra de la Independencia, en 1810, ingresa en el ejercito obteniendo el grado de teniente, y ocupando la ayudantía de campo del general Díaz Porlier. Este empleo de teniente fue validado por mandato Real en 1817, atendiendo a la solicitud del interesado, pues parece que la orden de nombramiento se *extravio*, tal y como certifica Díaz Porlier (179).

A la muerte de Matías de La-Madrid, en 1870, le sucede como director de la Económica su sobrino Benigno de Linares y de La Madrid, manteniéndose en el cargo, que conste, hasta 1880 (180).

4) Proyectos y realizaciones de la Económica de Liébana en el siglo XIX

Desde su fundación hasta el final del siglo XIX, la Económica de Liébana atraviesa por tres etapas claramente diferenciadas. Una primera de 1839 a 1849, una segunda de 1850 a 1870, y una tercera de 1871 a 1899.

A) Proyectos vestidos de fomento público para abrigar aún más a unos pocos (Primera etapa 1839-1849)

Es un período de despegue, con alguna que otra turbulencia política que hace resentirse a la Económica, en la que se plantean proyectos ambiciosos que pueden llegar a ser muy lucrativos para los individuos y clanes familiares que acaparan la economía y el poder en Liébana (181).

Algunos de estos proyectos nos muestran diáfanamente que no parece que el espíritu ilustrado y reformador para el fomento y el bien público de la comarca fuera el objeto de las juntas y trabajos de la Económica de Liébana, quedando patente que la mayoría de sus miembros bien parece que confundan el interés público de su país lebaniego con sus intereses personales y familiares. Ya en los primeros momentos de la Económica sus principales proyectos atienden :

La venta de maderas de los montes lebaniegos (182), y la creación de una sociedad mercantíl, una *compañía comercial* "[...] formada en Liébana, que con fondos, probidad, conocimientos especiales y buenas relaciones los transporte

---

(179) AGMS. "Mathias de la Madrid". Secc. 1, Leg. M-110. 6 f. Este expediente recoge instancia presentada por Matías de La Madrid, junto certificados expedidos por el general Mendizábal y brigadier Díaz Porlier confirmando su nombramiento como teniente. Igualmente ver: de Lamadrid y Manrique de la Vega, M. *Diario de un oficial en la guerra de la independencia 1813-1814*. Edit. Región Editorial. Palencia, 2009
(180)Jurista, poeta y dramaturgo, Benigno de Linares, nacido en 1831, ocupó desde la distancia, durante largos períodos - en razón a sus destinos como juez - la dirección de la Económica. Murió, en Potes, en 1904.
(181)Estos proyectos se recogen en : Sociedad Económica de Amigos del País de Liébana. (*Memoria de los trabajos... 1840 al 41...*) Ob. cit. 3-30
(182) Sociedad Económica de Amigos del País de Liébana. (*Memoria de los trabajos... 1840 al 41...*). Ob. cit. pp. 7, 13-14 y 29

y venda fuera de aquí de su cuenta y no escatimada comisión", contando como socios para constituir el capital social a quienes de entre los miembros de la Económica lo deseen. Esta *compañía* daría salida al vino de Liébana, a las maderas, " [...] lo mismo que otras producciones que fuera prolijo enumerar", y también con ello conseguir " [...] estorbar que despiadados especuladores se enriquezcan a espensas de los pueblos productivos con quienes la Compañía del país compartiría las ganancias". Resulta aún más revelador que incluso la *Memoria*, recoja que " Establecida la *compañía*, la Sociedad [la Económica] la recomendará por escrito y la rogará que combine su interés con los del país, de manera que los pueblos reciban de ella más benéfico impulso de riqueza y prosperidad ". Este proyecto se complementaría con la creación de una *agencia general para facilitar los negocios y transacciones de todo tipo* – comisionamientos, etc.- (183).

También se propone, y realiza, la fundación de un colegio privado de segunda enseñanza para difundir los conocimientos *necesarios al propietario*, en tanto que la mejora y la extensión de la instrucción pública primaria no es objeto del interés de la Económica, despachando negligente - quizás interesadamente - la cuestión al afirmar que en *esta parte [Liébana] no se encuentra entre los más atrasados* (184).

En cuanto a la agricultura y la ganadería – principal sector económico de Liébana - la Económica muestra un escasísimo interés por mejorar sus técnicas y productividad, salvo en lo referente al viñedo sobre el que *puede por medio de los señores socios cosecheros, dedicarse* [la Económica] *a perfeccionar el cultivo*, si bien, eso sí, la *esportación* de sus vinos *deberá correr a cargo de la Compañía de comercio* (185). También plantea la Económica regular los pesos y medidas agrarias locales – en muchos casos diferentes a las de Castilla - para evitar los *perjuicios y fraudes* en compra-ventas, arrendamientos, etc. de los predios rústicos en Liébana (186). El fomento de la ganadería queda reducido a la gestión ante la administración para que el estado instale en la comarca un depósito de caballos padres - sementales - así como la intención de instituir premios en metálico por la mejora de razas de ganado vacuno, porcino y caballar (187).

La introducción y apoyo al desarrollo de una industria de transformación y fabricación en Liébana (útiles agrícolas, maderera, curtidos,etc.) - sin olvidar el sector artesano -, queda resuelta por la Económica con un planteamiento limitado al corcho y su transformación, que lleva consigo el arriendo de los montes públicos que poseen alcornocales. Siempre la propiedad y la ventaja (188).

También en esta primera etapa, la Económica inicia ante la administración una perseverante gestión para mejorar las comunicaciones viarias de Liébana, en concreto la que interesa al *camino de Liébana*, siguiendo el curso del río Deva

---

(183)Sociedad Económica de Amigos del País de Liébana. (*Memoria de los trabajos... 1840 al 41...*). Ob. cit. pp. 16-18 y 27-29

(184)Ídem. (*Memoria de los trabajos...1840 al 41...*). Ob. cit. pp. 20-23 y 28

(185)Idem. (*Memoria de los trabajos... 1840 al 41...*). Ob. cit. p. 29

(186) Sociedad Económica de Amigos del País de Liébana. (*Memoria de los trabajos... 1840 al 41...*). Ob. cit. pp. 18-19. Ver también Lanza García, R. (*Población y familia...*). Ob. cit. p. 30. No hay que olvidar que está en curso el proceso desamortizador de Mendizábal, y la mayoría de los propietarios tienen arrendadas sus tierras.

(187)Idem. (*Memoria de los trabajos... 1840 al 41...*). Ob. cit. pp. 14-15 y 30

(188)Idem. (*Memoria de los trabajos... 1840 al 41...*). Ob. cit. pp. 10

hasta Tinamayor, para facilitar a la comarca el acceso al mar y a la capital de la provincia, lo que igualmente, no cabe duda, supondría una gran mejora y oportunidad para abaratar costes en el transporte de mercancías (*Compañía comercial*) incluso la salida de mineral de los criaderos existentes en la comarca, algunos de ellos en manos de Amigos del País de Liébana (189).

No hay constancia de que finalmente fuera formalmente creada la repetida *compañía comercial*, ni podemos afirmar que aquel intento de asociación mercantil de capitales fuera tan siquiera el germen de la sociedad minera *La Lebaniega*, fundada en 1843, con la participación de dieciocho importantes propietarios lebaniegos, en su práctica totalidad miembros de la Económica (190).

La *Memoria de los trabajos y proyectos* de 1840-1841 – que en gran medida recoge proyectos ya expuestos en la Memoria presentada por Matías de La Madrid, en 1835 a la Cantábrica,   señala también otras ideas productivas singulares y menores (191).

De los proyectos planteados en los inicios de esta etapa - sin duda la más activa de la Económica en el siglo XIX - y sobre los que aún hoy queda alguna memoria en Liébana sobre la Económica, sin duda son la creación del colegio de segunda enseñanza y la construcción del camino de Liébana a Tinamayor. Y en cierto modo, también, los intereses privados por la explotación maderera de los montes de Liébana.

1) La educación primaria en Liébana y el colegio de segunda enseñanza de la Santa Cruz, de Potes

Si la construcción del camino de Liébana no podía ser resuelta de por sí por la Económica, el estado lamentable que sufría la instrucción de primera enseñanza para niños y niñas en la comarca, sí podía y debía haber sido objeto de la intervención directa y permanente de los Amigos del país, a quienes tampoco interesó la formación profesional para la agricultura, la ganadería o los *oficios útiles*. Sin duda, ésta es una confirmación más de la peculiar interpretación que del bien público tiene la Económica y de su peculiar comprensión de los fines fundamentales que deben animar y promover los Amigos del País.

A penas unos pocos años después de la fundación de la Económica de Liébana, José Arce Bodega, inspector de Instrucción Primaria del partido de Potes, y otros, realiza una exhaustiva visita a Liébana, cuyo detallado informe incluye en la Memoria que elabora en 1844, y presenta a la Comisión Superior de Instrucción Primaria de Santander (192).

---

(189)Idem. (*Memoria de los trabajos... 1840 al 41...*). Ob. cit. pp. 5-8 y 27
(190) LA ESPAÑA del 28 de mayo de 1852.
(191)de La Madrid y Manrique de la Vega, M. *Memoria sobre los grandes montes y otras riquezas de Liébana*. Ob. Cit
(192)Arce Bodega, J. *Memoria sobre la visita general de las escuelas comprendidas en los partidos de Reinosa, Potes, San Vicente de la Barquera, Torrelavega y Cabuérniga, presentada a M.Y. Comisión Superior de Instrucción Primaria de Santander. 1º de mayo de 1844.* Imprenta y librería Martínez. Santander, 1849 (B.M.S. sign. 01688)

El informe de José Arce es muy completo y detalla su visita, ayuntamiento por ayuntamiento, a todas y cada una de las escuelas, inspeccionando las instalaciones y *menage*; formación y salarios de los maestros; alumnado y asistencia, y medios económicos y de financiación de las mismas (193).

Los espacios para enseñar son de lo mas variado, y salvo Espinama, Cosgaya, Cabezón y Bedoya con salas en condiciones, el resto puede llegar a ocupar el *pórtico de una iglesia* o un *corral; una era* (los días más crudos o lluviosos, *un portal*); *una cocina*, un *edificio ruinoso que fue ermita*, o *salas de concejo*, algunas en mal estado o *insuficientemente retejadas*, cuando no de *reducidísimas dimensiones*, como es el caso de la escuela pública de Potes. En Potes existe además una escuela particular, que usa la casa del maestro (194).

En cuanto al *menage* (mesas, sillas, bancos, etc.) - también con las excepciones arriba señaladas - la situación, si cabe, aún es más paupérrima. Bastantes escuelas carecen absolutamente de *menage*, y las que cuentan con una sola mesa - un buen número - ésta es destinada al maestro. La dotación de la escuela pública de la capital comarcal, Potes, no posee mas *menage* que *cuatro mesas de una cara con sus bancos, y otras dos llanas* (195).

Respecto a la formación y dedicación de los maestros, José Arce comprueba que un alto porcentaje no posee título, y algunos de ellos son contratados como *temporeros*, de noviembre a mayo o junio, por los concejos, ayuntamientos o por los propios vecinos, siendo aquellos *sostenidos por todo el vecindario, a días,* y recibiendo una *retribución convencional por alumno*. En cuanto a los alumnos, José Arce destaca la escasa asistencia de éstos en muchas escuelas, también el día de su inspección (196).

Sobre los medios económicos y financiación de las escuelas las partidas a cargo de los concejos y ayuntamientos son escasas y en muchos casos no exceden de la sola retribución del maestro. Existen mecenas – lebaniegos con posibles y residentes fuera de la comarca - que sostienen en mayor o menor grado unas pocas escuelas. Como también otras son sostenidas por obras pías que, salvo excepciones, bastantes de ellas están prácticamente descapitalizadas y reina el desbarajuste y el abandono, como sucede, por ejemplo, con la de Valdeprado, con obra pía instituida en su día por Felipe Caloca : Arce, no consigue ni tan siquiera conocer el capital destinado en su inicio, *por no haberse hallado el documento de la fundación*; sí se documenta una *obligación* extendida por 1.000 rs., en marzo de 1821, y sobre la que Arce deja prevenido a los patronos de la obra pía que obliguen a " [...] D. Matías de la Madrid, D. Cecilio Puente y D. José Gómez al otorgamiento de escrituras que tienen ofrecido, asegurando con hipotecas firmes los réditos [3 %] y principal que respectivamente recibieron de los mil rs." (197). No cabe duda que el director de la Económica de Liébana, Matías de La Madrid, como el socio Francisco Alonso de la Bárcena – maestro de la escuela pública de Potes - conocen perfecta y de primera mano la lamentable situación de la enseñanza primaria

---

(193) Para conocer con más detalle esta inspección, y para el conocimiento general de la enseñanza primaria en Cantabria, ver : Gutiérrez Gutiérrez, C. *Enseñanza de primeras letras y latinidad en Cantabria (1700-1860)*. Edit. Universidad de Cantabria. Santander, 2001.
(194)Arce Bodega, J. Ob. cit. pp. 24-42
(195)Idem. Ob. cit. pp. 24-42 (Liébana) y 29 (Potes)
(196)Idem. Ob. cit. pp. 24-42
(197)Idem. Ob. cit. pp. 24-42 (general) y 40-41 (Valdeprado)

en su comarca.

La inspección de José Arce no tuvo los efectos de subsanación deseados, pues en el período posterior, 1845-1850, conforme los datos que agrupa y recoge Clotilde Gutierrez ,(ver cuadro – 24) la situación prácticamente no ha variado. El porcentaje de maestros titulados sólo alcanza el 24,24 % sobre el total, y un tercio compatibiliza la enseñanza con otra actividad. Existen 33 escuelas elementales en Liébana, de las cuales cuatro, mixtas, son de enseñanza *completa*, y el resto, veintinueve, también mixtas, son de enseñanza *incompleta* (198). Del total de alumnos censados, el 72 % recibe enseñanza incompleta, y también del total un 25 % de los alumnos son niñas. En este sentido, Lanza afirma que en Liébana, " todavía en 1860 solamente una de cada ocho lebaniegas fuera capaz de leer y escribir, cuando esto lo hacían hasta dos de cada tres lebaniegos" (199).

CUADRO - 24

<table>
<tr><td colspan="10" align="center">LIEBANA
ENSEÑANZA DE PRIMERAS LETRAS AÑOS 1845 – 1850
(PARTIDO JUDICIAL DE POTES)</td></tr>
<tr><td colspan="10" align="center">INSTALACIONES DE ESCUELAS</td></tr>
<tr><td colspan="2" align="center">Escuelas con edificio propio</td><td colspan="3" align="center">%</td><td colspan="3" align="center">Escuelas que no poseen edificio</td><td colspan="2" align="center">%</td></tr>
<tr><td colspan="2" align="center">12</td><td colspan="3" align="center">36</td><td colspan="3" align="center">21</td><td colspan="2" align="center">64</td></tr>
<tr><td colspan="10" align="center">GRADO DE DEDICACION PROFESIONAL DE LOS MAESTROS</td></tr>
<tr><td colspan="2" align="center">Maestro que tiene otro ejercicio</td><td colspan="3" align="center">%</td><td colspan="3" align="center">Maestro que ejerce en exclusividad</td><td colspan="2" align="center">%</td></tr>
<tr><td colspan="2" align="center">11</td><td colspan="3" align="center">33</td><td colspan="3" align="center">22</td><td colspan="2" align="center">67</td></tr>
<tr><td colspan="10" align="center">Nª. MAESTROS / AS TITULADOS Y NO TITULADOS</td></tr>
<tr><td colspan="5" align="center">Maestros</td><td colspan="5" align="center">Maestras</td></tr>
<tr><td colspan="2" align="center">Con título</td><td></td><td colspan="2" align="center">Sin título</td><td colspan="2" align="center">Con título</td><td></td><td colspan="2" align="center">Sin título</td></tr>
<tr><td colspan="2" align="center">8</td><td></td><td colspan="2" align="center">25</td><td colspan="2" align="center">-</td><td></td><td colspan="2" align="center">-</td></tr>
<tr><td colspan="10" align="center">ESCUELAS ELEMENTALES COMPLETAS *</td></tr>
<tr><td colspan="5" align="center">Públicas</td><td colspan="5" align="center">Privadas</td></tr>
<tr><td></td><td></td><td></td><td colspan="2" align="center">Concurrentes</td><td></td><td></td><td></td><td colspan="2" align="center">Concurrentes</td></tr>
<tr><td>Niños</td><td>Niñas</td><td>Mixtas</td><td>Niños</td><td>Niñas</td><td>Niños</td><td>Niñas</td><td>Mixtas</td><td>Niños</td><td>Niñas</td></tr>
<tr><td>-</td><td>-</td><td>4</td><td>180</td><td>50</td><td>-</td><td>-</td><td>-</td><td>-</td><td>-</td></tr>
<tr><td colspan="10" align="center">ESCUELAS ELEMENTALES INCOMPLETAS *</td></tr>
<tr><td colspan="5" align="center">Públicas</td><td colspan="5" align="center">Privadas</td></tr>
<tr><td>Niños</td><td>Niñas</td><td>Mixtas</td><td colspan="2" align="center">Concurrentes
Niños   Niñas</td><td>Niños</td><td>Niñas</td><td>Mixtas</td><td colspan="2" align="center">Concurrentes
Niños   Niñas</td></tr>
<tr><td>-</td><td>-</td><td>29</td><td>427</td><td>153</td><td>-</td><td>-</td><td>-</td><td>-</td><td>-</td></tr>
</table>

Fuente: Elaboración propia, partiendo de los datos de Pascual Madoz recogidos por Clotilde Gutiérrez, (*Enseñanza de primerasLetras…*), Ob. cit.
Notas: En las escuelas elementales *completas* se imparte la enseñanza elemental en su totalidad, en tanto que las *incompletas* noera así. Muchas de éstas últimas incorporaban además la variante de ser de *temporada*, pues sólo funcionaban unos meses al año.

---

(198)Gutiérrez Gutiérrez, C. Ob. cit. pp. 115-185
(199)Lanza García, R. (*Población y familia…*). Ob. cit. p. 149

En Septiembre de 1840 un grupo de socios de la Económica de Liébana propone la fundación por parte de la Sociedad de un *instituto*, o escuela de segunda enseñanza en Potes, en virtud de lo dispuesto por la Real orden de 12 de agosto de 1838. La Económica aprueba la creación de este colegio, pues aún *no contando con fondos ni medios para dotar las cátedras, varios dignísimos socios* se han ofrecido para ocupar las mismas, nombrando director del colegio a Vicente Gómez de Enterría (200).

Este colegio privado y titulado de *La Santa Cruz*, queda adscrito en un primer momento a la Universidad de Valladolid, y se ubica en las instalaciones que ocupa la Económica de Liébana en el desamortizado convento de San Raimundo, en Potes, y sobre el que la Sociedad había solicitado en 1839 al gobierno su cesión, por considerar susactividades de *utilidad pública.* El colegio fue inaugurado el 9 de noviembre de 1840.

Sin duda, y más en centros privados y no religiosos, el acceso a los mismos para cursar segunda enseñanza era prácticamente beneficio exclusivo de los hijos de las clases económicamente más pudientes, y esto mismo sucedió en Potes. En dónde además con ésta instalación la clase de los propietarios, principalmente, obtienen un considerable ahorro al no tener que atender gastos de viaje, habitación y alimentación, etc. al obligadamente tener que desplazar a sus hijos estudiantes a Palencia, Santander, Madrid o León, para que adquieran los conocimientos *necesarios al propietario* (201).

En el archivo de la Universidad de Valladolid se conserva documentación correspondiente a los cursos de 1840-41 a 1844-45, y que se limita fundamentalmente a las listas de alumnos incluidos en el *libro de pruebas.* El número de alumnos es escaso salvo los cursos 1842-43 y 1843-44, con 13 y 18 estudiantes respectivamente, y muchos de ellos de fuera de Liébana (202).

El Real decreto de 17 de septiembre de 1845, instituye un nuevo plan general de estudios (Plan Pidal). Para la segunda enseñanza en centros privados. El nuevo plan fija la obligatoriedad de depositar fianza económica como también exige ciertos requisitos de capacitación mínima para los docentes, que dificultan la continuidad del colegio de la Económica que, incluso en el curso 1845-46, ya no está adscrito a la Universidad de Valladolid. Y no hay nueva noticia académica del colegio hasta junio de 1847, que por crónica aparecida en prensa se informa desde Potes que el " 10 de junio concluyen los exámenes", señalándose además que el colegio está incorporado " ahora a la universidad de Oviedo desde donde el año anterior vino un catedrático a presidir los exámenes" – curso 1845-46 - como "al presente lo ha hecho el Sr. Gutiérrez, que lo es del instituto de primera clase de Santander " (203).

---

(200)Sociedad Económica de Amigos del País de Liébana. (*Memoria de los trabajos... 1840 al 41...).* Ob. cit. pp. 20-21
(201)Sociedad Económica de Amigos del País de Liébana. (*Memoria de los trabajos... 1840 al 41...).* Ob. cit. pp. 22-23
(202)AU.UVA. "Colegios y Seminarios". Sign. AU.UVA. Libro 398. Cursos 1840-41 a 1844-45
(203)*EL ESPAÑOL* del 19 de junio de 1847. Sobre la adscripción del colegio a la Universidad de Oviedo, en el AHUO. no se puede confirmar este extremo, pues no existe información sobre el colegio " debido al incendio que sufrió el archivo durante la revolución de octubre de 1.934". El Instituto provincial de Santander perteneció de 1845 a 1850 al distrito universitario de Oviedo.Ver : Canellas Secádes, F. *Historia de la Universidad de Oviedo y noticias de los establecimientos de enseñanza de su distrito (Asturias-León).* Edit. Universidad de Oviedo. Asturias, 1985. pp. 333-334 (2ª edición)

El curso 1847-48, el colegio suspende las clases, volviendo a retomarlas en el siguiente curso, que es el último en el que se imparte enseñanza (204). Nos lo cuenta Ildefonso Llorente, antiguo alumno : " dejó de existir aquel colegio en el año 1850" (205).

Este colegio es de las pocas realizaciones que lleva a efecto la Económica en el siglo XIX. Nos hemos referido al restringido beneficio que aporta a la sociedad lebaniega, y el ahorro que procura a las clases dirigentes y propietarias, pero también debemos significar que otra motivación para la creación del colegio por la Económica, muy probable, como apunta Prellezo, fuera la de disponer de los cuantiosos bienes – capital destinado, 36 millones de rs. - de la obra pía de Espinana, aún cuando en 1839, nuevamente, pasa a la Cantábrica. Y tanto es así - ésta probable pretensión - que la Económica consigue para sí de la junta de parientes de Alejandro Rodriguez de Cosgaya - donante en su día del capital - la " [...] autorización a la Sociedad Económica de Amigos del País de Liébana para que reclame los bienes y derechos de la obra pía", y con sus rentas "[...] provea a la enseñanza de cátedras del instituto creado en Potes" (206).

En 1844 el ayuntamiento de Potes pide - sin más - al gobierno " se le devuelva la obra pía de Espinama" (207). A partir de ese momento se produce un cruce de oficios con el Ministerio de gobernación, pidiéndo éste se expongan las razones de tal *pretensión de Potes*, a lo que el Alcalde, José Nepomuceno Josué, contesta que *ser capital del partido, y tener mejores ventajas que la aldea*. La presión institucional del ayuntamiento no da los resultados esperados, y la Económica de Liébana decide entonces presentar un escrito de súplica a la Reina Isabel II, en abril de 1845, que no obtiene ningún efecto, a la vista del dictamen del Ministerio de la gobernación, de fecha 5 de julio de ese mismo año, que cierra la cuestión al considerar *legal* la incorporación en su momento de la obra pía de Espinama al Instituto de Santander (208).

2) El camino de Liébana : la vía de una ambición

Para la Económica, como así lo declara, " la conclusión del camino del Deva, base de la prosperidad y riqueza del pais, debe ser el preferente objeto a que la Sociedad, como hasta aquí, dirija sus conatos y esfuerzos" (209). Y tanto es así que incluso en 1840, animada por la Económica, se creó una *unión* de propietarios que costeó la reparación del tramo construido por el gobierno entre 1806 y 1807, prolongándolo *algo por el extremo norte*, levantando dos puentes, y habilitando para carro esta vía junto al curso del río Deva (210). Esta inversión era también una reacción firme y comprometida frente a la opción, cada vez más

---

(204)*LA ESPAÑA*, de 23 de septiembre de 1848
(205)Llorente Fernández, I. Ob. cit. p. 86
(206)Prellezo García, J. M. *Utopía de un indiano lebaniego. La obra pía benéfico docente de Espinama*. Edit. Consejería de Cultura, Turismo y Deportes / Instituto de Estudios Cántabros. Santander, 2004. pp. 159-161. Sobre esta obra pía también ver : Llorente Fernández, I. Ob. cit. pp. 291-294
(207)Prellezo García, J. M. Ob. cit. p. 157
(208)ídem. Ob. cit. pp. 161-163
(209)Sociedad Económica de Amigos del País de Liébana. (*Memoria de los trabajos… 1840 al 41…*). Ob. cit. p. 27
(210)Seco Fontecha, P. *Ensayo sobre las aguas minerales de la Hermida*. Imprenta José Ríos.Valencia, 1849. p. 53.

considerada por técnicos y por la administración, de "[...] concretarse la comunicación por la costa a través de la cuenca del Nansa" (211).

Una Real orden de 12 de julio de 1840 disponía ya la construcción del camino de Liébana, desde Sierras Albas a Tinamayor, pero no se fija dotación económica alguna, señalándose, eso sí, que las obras fuesen sufragadas por la provincia o por los pueblos interesados. Se realizan los informes técnicos pertinentes, y la Junta de Comercio de Santander muestra su apoyo, pero no así la Diputación Provincial en lo referente a la dotación económica (212). El presupuesto ascendía a 3.829.935 rs. y ese costo parece no podían reunirlo los propietarios de la comarca, por lo que la Económica redobla sus gestiones ante la Administración y, mucho más, cuando los propietarios lebaniegos ven una seria amenza a sus intereses ante la proposición económica que el italiano Enrique Misley presenta al gobierno en 1842, y que interesa a la extracción de maderas en Liébana (213).

Ese mismo año de 1842, Antonino Gutiérrez Solana, senador por Santander, miembro de la Económica de Liébana y presidente de su diputación permanente en Madrid, considerando *una invitación de la Económica* para que construya a su cargo el camino de Liébana, presenta una proposición al gobierno para ejecutar él, como contratista, el camino de Liébana, fijando un precio final, en caso de la adquisión por el Estado, que incrementaría en un 50 % el costo final de la obra (214).

La propuesta del senador sólo obtiene el silencio del gobierno, y Gutiérrez Solana, en 1844 - coincidiendo con otra proposición al gobierno para la extracción de maderas en Liébana, esta vez Charles Green – presenta una nueva propuesta dirigida a S.M. la Reina, modificando las condiciones económicas que, en este caso, interesan a compensaciones en maderas de Liébana, libres de portazgos (215). La Económica de Liébana *airea* en la prensa ésta última proposición del senador (216), y también recaba para la propuesta el apoyo, *cerca del gobierno*, de la Real Sociedad Económica Matritense de Amigos del País (217).

En abril de 1845, aún está sin resolver el expediente del camino de Liébana, y mediante interpelación parlamentaria del diputado Sr. Orense dirigida al Ministro de gobernación sobre el asunto, éste contesta "que el gobierno tiene que asesorarse con personas inteligentes antes de resolver el expediente" (218). Pero algo se

---

(211)Estrada Sánchez, M. "La apertura del desfiladero de la Hermida", en Revista de la Cámara de Comercio, Industria y Navegación de Cantabria. nº. 42. Enero, 1996. p. 35. Este proyecto por Polaciones y río Nansa, estaba aprobado en 1835, como manifiesta Matías de La Madrid, explicándo las razones de más conveniencia de la dirección por el río Deva, ver: de La Madrid, M. *(Memoria sobre los grandes...)*. Ob. cit. pp. 89-1
(212)Estrada Sánchez, M. *(" La apertura...")*. Ob. cit. p. 36
(213)*LA IBERIA* del 12 de agosto de 1842
(214)*ECO DEL COMERCIO* del 9 de noviembre de 1842. Se publica un "remitido" por Matías de La Madriz, director de la Económica de Liébana, comentando la propuesta de Gutiérrez Solana para la construcción del camino de Liébana. Gutérrez Solana ya contaba con experiencia como contratista de carreteras, en concreto, en Cantabria , construyó la de Ramales-La Cavada.
(215)*ECO DEL COMERCIO* del 30 de abril de 1844. Recoge la nueva propuesta de Gutiérrez Solana, y escrito a favor de la misma que suscriben alcaldes de la comarca.
(216) *ECO DEL COMERCIO* del 28 de julio de 1844. Crónica desde Potes en favor de la última propuesta de Gutiérrez Solana.
(217)ARSEM Legajo 397 / 4 (año 1844). Oficio que remite Matías de La Madrid, director, solicitando el apoyo de la Matritense, *cerca del gobierno*, para la última propuesta de Gutiérrez Solana, ver : *EL AMIGO DEL PAIS* del 15 de julio de 1844
(218)*LA ESPERANZA* del 11 de abril de 1845

avanza y un año más tarde las obras son adjudicadas al Banco de Fomento, en un montante global de 4.660.000 rs.," [...] aun cuando éste, más que ejecutarlas, lo que promovió fue la subcontratación de las mismas (219).

En 1847, por crónica remitida desde Potes a *El Español*, en el mes de marzo, conocemos que ya se había concluido, por el ingeniero Sr. Velasco, el trazado del camino desde los puntos de Sierras Albas a Tinamayor, y que estaba previsto iniciar los trabajos de construcción en el próximo mes de abril (220). No obstante estos trabajos se paralizaron en agosto del año siguiente, y en este estado se encontraban en mayo de 1850, quejándose de ello la Económica al gobernador de Santander, Sr. Sánchez Fanos, durante su viaje a Liébana (221).

Hasta el final de la década de los cincuenta y ya con la firme intervención de la importante sociedad minera La Providencia, sensible al abaratamiento de costes que supondría en el transporte de su mineral extraído en la zona, y que también por ese tiempo había adquirido esa sociedad los baños de la Hermida, para la construcción y explotación de un importante balneario, gestionó la culminación de las obras del camino por el desfiladero de la Hermida mediante " [...] conexiones políticas del grupo y particularmente de uno de sus miembros, Joaquín Carrías", elegido diputado a cortes en 1858 (222).

En 1861, la Guía de Santander, recoge que la carretera, que procurará visitar el "pintoresco valle de Potes", está nuevamente en construcción con un presupuesto aprobado de 11 millones de rs. Estas obras se prolongan en principio hasta 1864, quedando ese año ya expedita la comunicación de Liébana con la costa y la capital de Santander, aunque su total remate no se realiza hasta finales de los sesenta (223).

Este objetivo preferente para la Económica de Liébana se alcanza veintiún años después de iniciada su gestión y, no ciertamente – como todo parece indicar por sus fases finales - por acción exclusiva o determinante de la Sociedad Económica.

La apertura de la comunicación hacia la costa y la capital de la provincia era una reivindicación necesaria para resolver el tradicional aislamiento que padecía la comarca lebaniega, pero tambien hay que significar que con carácter general la inversión en infraestructuras – principalmente en carreteras - no alcanza suficiente compromiso y dotación económica por parte del Estado hasta la década de los cincuenta. Por tanto, quizás los planteamientos y presiones de la Económica no fueran los adecuados en tiempo y mucho menos en su forma. La Económica - y le sucede con otros proyectos - muestra abiertamente que algunas de sus propuestas, además de no ser puramente las apropiadas de una Económica, persiguen fundamentalmente el beneficio exclusivo de los intereses particulares de unos pocos que la integran, lo que dificulta por su obviedad que incluso sus afines de partido

---

(219)Estrada Sánchez, M. (" La apertura..."). Ob. cit. p. 36
(220)*EL ESPAÑOL* del 7 de abril de 1847.
(221)*LA ESPAÑA* del 2 de junio de 1850. Crónica desde Potes con noticia sobre las actividades del Gobernador durante su visita a Liébana, que tuvo lugar en mayo anterior.
(222)Estrada Sánchez, M. ("La apertura..."). Ob. cit. p. 37
(223) Salomón, R. *Guía de Santander*. Imprenta Ignacio González. Santander, 1861. p. 160 (2ª edición). Información sobre la obra. También ver, sobre finalización: *LA ESPAÑA* del 3 de septiembre de 1864

que controlan las administraciones puedan apoyarlas, sin verse claramente perjudicados políticamente en otros territorios santanderinos en donde también están presentes. Su egoísmo por lo propio - "propio", se ciñe a algunos - incluso les lleva a comportamientos próximos a " ni comer ni dejar comer", y ésta actitud de *perro del hortelano*, queda claramente expuesta en la reacción de la Económica ante los proyectos madereros de Misley y de Green. Puede que no llegaran a entender las *nuevas* formas de relacionarse y hacer negocios, dando para obtener. Parece como si aún se arrogaran un derecho *divino*, por el cual todo lo que hubiera en Liébana fuera de su exclusivo interés y para su exclusivo beneficio, al margen de propiedad pública o no pública. Este proceder propio del Antigüo Régimen, tanto en lo económico como en lo social condena a Liébana a pervivir en el pasado y en el subdesarrollo, en tanto otras comarcas santanderinas, paso a paso, van eliminando esas remóras que impiden el desarrollo y bienestar de su población en general.

Con este objetivo no alcanzado en el tiempo esperado se desbarata mucho del sueño lucrativo y de "cuatro", de la *Compañía comercial*, la *Agencia general*, la rentabilización del valor del arrendamiento de sus intereses mineros, etc., y ya en 1849 se observa en la Económica un cierto abatimiento y un volver la mirada a la agricultura y la ganadería que continua siendo mal que bien su principal sector económico, y que en razón al sistema de propiedad y arrendamiento - imperante desde siglos - les permite gestionarlo como siempre, como toda la vida.

3)La explotación maderera de los montes: "El perro del hortelano" , en dos propuestas y un cuadro final

Matías de La Madrid, director de la Económica de Liébana, en su *Memoria sobre los grandes montes de Liébana* – publicada por la Económica Cantábrica en 1836 - cifra en cantidad fabulosa, 1.826 millones de rs., las *grandes pérdidas* causadas a la *nación* por "la estancación de las maderas de Liébana" (224). Como en el pasado el gran comprador de las maderas debía ser la Marina de guerra española, y en esa línea presenta un plan de producción que, " [...] como toda creación de riqueza sólo puede prosperar encomendándola al solícito e infatigable interés particular, con las menos trabas posibles"(225); y añade que ante "[...] la imposibilidad de repartir éstos [montes] entre particulares, puede considerarse a los pueblos bajo el mismo carácter" (226). Pero ésta gestión *particular,* conforme su planteamiento, deja entrever, dos niveles en lo de *particular*, uno identificado con la producción y entretenimiento de los montes – los pueblos - y el otro ocupado en la comercialización - el particular propiamente dicho - y que lleva a considerar que en ese momento ya había nacido entre algunos propietarios lebaniegos el proyecto, que posteriormente aparece, de crear una *Compañía comercial* .

---

(224) de La Madrid y Manrique de la Vega, M. (*Memoria de los grandes montes...*). Ob. cit. p. 25
(225)Ídem. Ob. cit. p. 46
(226)Ídem. Ob. cit. p. 49

Todo muy bien elaborado, de La Madrid plantea incluso la construcción de "
[...] almacenes para labrar dentro de Liébana, o sobre la costa", *por lo que florecería
la Liébana*. La Marina de guerra, previa a la corta, señalaría por medio de su
personal los árboles a talar, pero de no haber contra la entrega *exactitud en los
pagos*, la madera sería vendida *a la marina mercante o extranjera*, siendo en cierto
modo chocante la última opción cuando pocos años más tarde, como veremos, de
La Madrid y la Económica de Liébana argumentan contra el interés e intervención
extranjera en ese negocio (227).

En la Memoría de los trabajos de 1840-41 de la Económica de Liébana, sobre
el asunto de la explotación de los montes de la comarca, se exhorta a los pueblos
más cuidados y esmero, " [...] no debiendo la Sociedad apartar la vista de ellos"
(228). Pero los rectores de la Económica fijan en el orden de prioridades para llegar
a gestionar lucrativamente diversos negocios a través de su *Compañía comercial*, la
nueva apertura de comunicación viaria a la costa; pero entre tanto, la evidencia de la
riqueza forestal de Liébana no escapa a otros empresarios y comerciantes del resto
de España, que desata en algunos propietarios lebaniegos una respuesta que puede
tacharse de insensible ante el bien general - creación de empleo y, posiblemente,
soluciones más rápidas para la ejecución del camino de Liébana, etc. - que podían
haber traído las inversiones que prometían las propuestas trasladadas al gobierno
por Enrique Misley, en 1842.

Efectivamente, en 1842, el diario *La Iberia* recoge la propuesta dirigida al
Regente general Espartero, por Enrique Misley, *en nombre de una compañía*,
proponiendo al gobierno la celebración de un contrato para la *remonta, equipo y
sostén de la marina española*. Expone a continuación la propuesta las condiciones
de la contrata, - también caminos - y en su punto séptimo indica que "la empresa
empezará el corte de los árboles en los bosques de la Liébana, eligiendo los árboles
que más le convengan", y sería en esta comarca particularmente donde la compañía
cortará los primeros años (229).

Ante este ataque *forastero* a los intereses no tanto de Liébana, sino de las a
toda vista cábalas comerciales de algunos propietarios lebaniegos, la Económica
responde *invitando* al socio y senador Gutiérrez Solana a presentar su oferta de
1842 para la construcción del camino de Liébana e igualmente dirige un oficio a la
Sociedad Económica Matritense, pidiendo la intervención de ésta Económica," ante
las altas instancias del Regente", para evitar que Misley, " en nombre de una
compañía desconocida", pueda "abastecer a los arsenales españoles de la madera
necesaria", poniendo "a su disposición los montes de Liébana" (230).

La Matritense, en concreto su sección de comercio, elabora una memoria
apoyando la   pretensión   de   la   Económica   de   Liébana, y el secretario de la
Matritense, Sr. Collado Ardanuy, la traslada con fecha 1 de diciembre de 1842 al
Serenísimo Regente del reino, suplicando "tenga a bien desechar las proposiciones

---

(227) de La Madrid y Manrique de la Vega, M. (*Memoria de los grandes montes...*). Ob. Cit. pp. 42-46
(228) Sociedad Económica de Amigos del País de Liébana. (*Memoria de los trabajos... 1840 al 41...*). Ob. cit. p. 29
(229)*LA IBERIA* del 17 de septiembre de 1842
(230)ARSEM. Legajo 369 / expdte. 16 (año 1842). Recoje oficios y correspondencia de la Económica de Liébana sobre el
asunto.

que ha dirigido al gobierno D. Enrique Misley" (231).

La propuesta de Misley no llegó a ser dictaminada por el Ministerio de marina. Este revolucionario modenés, - su nombre no españolizado es Enrico Misley - amigo del general Mina, mantuvo igualmente estrechos contactos con el Infante Francisco de Paula, " compañero en las sectas " (232); y se ofreció a Isabel II para extinguir la deuda española en treinta y seis años, cuestión sobre la que incluso escribió una interesante y documentada obra (233).

Enrico Misley, residente en España desde 1835, falleció en Barcelona en 1863. Proyectó numerosas empresas industriales e intervino como intermediario en importantes negocios comerciales con Cuba, y fue el iniciador de la canalización del Ebro (234).

Que el propósito de la Económica de Liébana, ante la propuesta de Misley, pudiera ser preservar y racionalizar la producción maderera de su comarca es en cierto modo puesto en entredicho, cuando menos de seis meses después de su activa campaña contra Misley, la Económica - mediante carta firmada por *M.L.M.* - critica duramente en la prensa la creación por el Ministerio de marina de una comisión en Puerto Rico para "buscar en aquellos montes" maderas para las "portas del dique del arsenal del Ferrol", y aún, posiblemente, para el dique de Cádiz. La Económica - *L.M.L.*- manifiesta que existen en Liébana árboles de las caracteríticas exigidas y que solo están de " 5 a 9 leguas de la costa, y para cuyo aprovechamiento solo se necesita mejorar y concluir el camino que por las márgenes del Deva empezó el ministerio Godoy". Tacha *M.L.M* de ignorantes a los "altos funcionarios y sus oficinistas", y se despide, levantando "nuestra débil voz contra el criminal olvido" (235).

También el asunto de Puerto Rico, pasa sin efecto positivo alguno para Liébana, y recién entra el nuevo año 1844, en la *Gaceta de Madrid* aparece una nueva proposición para la explotación de las *selvas de Liébana*, en la provincia de Asturias (sic), que presenta el inglés Charles Green, como apoderado de los Sres. Septimins Arabin y Compañía. La concesión para la extracción de maderas en Liébana se extendería por 20 años, y construirían un camino en el sitio que *se hallen situadas las selvas*, ofreciendo además al gobierno construir los buques y navíos que considere necesarios. Los gastos de distribución de las maderas y construcción naviera para el gobierno "le serán reintegrados a la sociedad en árboles de las referidas selvas", y sólo para cubrir los gastos de explotación de las mismas el gobierno concederá a la sociedad *500.000 árboles*. En la misma Gaceta en que aparece la propuesta de Green, aparece servida respuesta del ministro de marina, agradeciendo, pero no aceptando, la proposición, pues " el gobierno español tiene aún los medios de mejorar la calidad y acrecentar el número de sus buques sin destruir sus bosques"(236).

---

(231) ARSEM. Legajo 369 / expdte. 16 (año 1842) Recoge el oficio de la Matritense dirigido al Regente.
(232)*LA VANGUARDIA* del 30 de noviembre de 193
(233)Misley, E. *Deuda española y medios de extinguirla*. Imprenta Antonio Bergnes y Compañía. Barcelona, 1841.
(234)*LA VANGUARDIA* del 4 de enero de 1935
(235) *ECO DEL COMERCIO* del 4 de mayo de 1843
(236)*GACETA DE MADRID* del 11 de enero de 1844.

El asunto Green y la respuesta del Ministro encuentra eco en la prensa nacional (237), y con fecha de 24 de ese mismo mes de enero la Económica de Liébana dirige una carta de felicitación al Ministro por su respuesta a la proposición, aprovechando para arremeter contra ésta y la presentada en su día por Misley (238).

Pero parece que la Económica de Liébana no desea dejar el asunto enfriar, y quizás para aprovechar el gesto *patriótico* del Ministro, algo después de un mes, el 19 de febrero de 1844, Gutiérrez Solana presenta al gobierno su segunda propuesta para construir el camino de Liébana, introduciendo en sus condiciones económicas la compensación en árboles, - el *cobro Green* - pero sólo 300.000, en doce años. Como ya hemos referido esta propuesta de Gutiérrez Solana recibe el firme apoyo de la Económica, aún cuando ésta apenas nueve meses atrás manifesta públicamente que es contraria a " [...] proposiciones que amalgamen contratas de maderas con la construcción de caminos" (239).

Sin duda, la propuesta de Green era inaceptable, pero la de Misley recibió buena acogida en el Ministerio de marina, en alguna prensa de la época e incluso entre algún miembro de la Económica Matritense (240). De hecho no fue dictaminada, y ya gozando Misley del favor de Espartero, muy probablemente la propuesta hubiera retomado vigor de no ser por la caída de éste en 1843. Y con la puesta en marcha de esa explotación maderera de Misley, también, muy probablemente, la población en general de la comarca de Liébana hubiera recibido un impulso económico indudable, absorviéndose seguramente la demanda de empleo *que solo en parte cubrían los propietarios lebaniegos*. Los jornales tenderían a ajustarse al alza - como las rentas por la tierra se ajustarían a la baja - incrementándose el bienestar de los lebaniegos (241).

Con la Ley de desamortización general de 1855, en palabras de Sanz Fernández, se produce el "triunfo de los depredadores sobre los pueblos". Y de los primeros, entre los que llegaron y los que se encontraban en Liébana, a pocos y muchos, sin planificación ni racionalización de talas, ni acción repobladora, esa riqueza poco provecho dió al fomento y desarrollo económico de la comarca (242).

El año de 1845 supone para la Económica el inicio de su primera etapa de decepción que culmina con la llegada de la década de los cincuenta. Sus proyectos iniciales, salvo la creación del *instituto* de segunda enseñanza - aún sin gran éxito en número de alumnos y sin lograr ser reclamo y atracción de la obra pía de Espinama - no se han realizado según sus objetivos. Ni la *Compañía comercial*, ni la *Agencia general* se han constituido formalmente, que se sepa; las gestiones acometidas y las propuestas de contrata apoyadas por la Económica para la construcción del camino de Liébana no han obtenido resultados tangibles, y aún cuando inicia sus obras en

---

(237)Entre otros, ver : *DIARIO DE MADRID* del 12 de enero de 1844 ; *DIARIO CONSTITUCIONAL DE PALMA* del 24 de enero de 1844, y *Fr. GERUNDIO* del 15 de enero de 1844.
(238)la carta de la Económica aparece en la *GACETA DE MADRID* del 3 de febrero de 1844, y en *ECO DEL COMERCIO* del 4 de febero de 1844.
(239)*ECO DEL COMERCIO* del 4 de mayo de 1843
(240)*EL LIBERAL* del 12 de abril de 1886
(241)Lanza García, R. (*Población y familia...*). Ob. cit. pp. 21-22. Sobre la propuesta Misley y su trato con Espartero, ver : *LA VANGUARDIA* del 30 de noviembre de 1934.
(242)Sanz Fernández, J. Ob. cit. p. 198

1847, al poco, en agosto del siguiente año quedan paralizadas, estando durante años en ese estado. Y en cuanto a la explotación de las maderas de Liébana tampoco nada avanzan intentando impedir el avance de otros.

En los años finales de la década de los cuarenta - incluso ya con el *instituto* dando sus últimas boqueadas académicas - los Amigos del País de Liébana vuelven sus ojos a las tradicionales actividades económicas de siempre y que, ciertamente, por *casa fuerte* o desamortización provechosa, les hizo poderosos, "diosucos" de concejo o comarca, al menos en su tierra lebaniega: la viticultura, los arrendamientos - siempre con ventaja - de terrazgo y ganado y, para algunos, también el crédito al por menor.

Esto no quiere decir que en los años posteriores dejen de mostrar interés por sus iniciales proyectos de construcción del camino de Liébana y por la explotación de las maderas de su comarca, pero ya sólo de una forma no directa y, principalmente, mediante breves comentarios y artículos en prensa que fundamentalmente informan del estado, o no estado, de las obras o sobre la disconformidad con los planeamientos de los caminos vecinales y las tasaciones de expropiación de terrenos. Uno de estos comunicados no fue publicado por *El Despertador Montañes*, siguiendo la orden del gobernador de Santander, Sr. Sánchez Fanos, y sí lo hizo *La España* (243).

B) Entre el prestigio dado y el desprestigio ganado
(Segunda etapa 1850-1870)

Los "Amigos del País" son unos señores raros, que se divierten con eso y sacian de cualquier modo su fracasado afán de figurar. En fin : ¡ absurdo! (Manuel Azaña) (244).

Como ya apuntaba Sempere y Guarinos, sesenta años antes, al referirse en general a la labor de las Económicas, " [...] la poca unión entre los individuos, los intereses particulares, la escasez de fondos y la multitud de objetos a que han querido extender sus miras, sin probabilidad de conseguirlos, han imposibilitado mucho más su ejecución", y añade que muchas se limitan a " [...] conservar su nombre y los de sus directores y secretarios en la Guía de Forasteros "(245). Exactamente ésta no es ciento por ciento la situación de la Económica de Liébana, pero ciertamente su actividad en esta etapa es probablemente empeño de sólo unos pocos Amigos del País, con Matías de La Madrid, a la cabeza.

En el año 1849, creada y animada por la Económica Matritense, con apoyo gubernamental, se establece en Madrid la *Junta General de Agricultura* que, con carácter anual debe celebrar sus sesiones el otoño de cada año, con el fín de presentar y desarrollar en lo práctico y en lo teórico la agricultura y la ganadería

---

(243)*LA ESPAÑA* del 14 de julio de 1851 (suplemento al número 1005)
(244)Azaña, M. " Memorias políticas y de guerra", en (*Obras completas...*). Ob. cit. p. 405 - entrada del 20 de junio de 1932- (tomo IV). En el habitual tono despreciativo que acostumbra a usar en muchos juicios y comentarios de sus "Memorias", despacha Azaña a los Amigos del País. Todo lo que no giraba en torno a él, por él y para él, en cierto modo, era ¡ absurdo!. No obstante, hay que decir que ese "afán de figurar" es descripción exacta que, en muchos casos, sobre todo en las Económicas llamadas concejiles como la de Liébana, es real .
(245)Sempere y Guarinos, J. Ob. cit. pp. 148-151

nacional; y que guarda similitud con el proyecto propuesto en su día por Feijóo para el desarrollo y la enseñanza de la agricultura - *Consejo en la corte* - y también con la *Sociedad Real de Agricultura*, proyecto esbozado por Campomanes, antes de la creación de las Económicas (246).

Integran esta Junta General de Agricultura, ya en 1849, además de las Juntas de ámbito provincial, entre otras instituciones, las Sociedades Económicas y la Asociación de Ganaderos. Por la Económica de Liébana se designan como vocales para esta Junta General a los socios Francisco Rodriguez de la Vega, residente en Madrid, y a Vicente Gómez de Enterría, aunque este último parece que es sustituido finalmente por el propio Matías de La Madrid (247).

La vida de esta Junta General, como tal, no fue larga, pues celebrada su primera asamblea en Madrid, en octubre y noviembre de 1849, ya en enero de 1851, sabemos por Matías de La Madrid, que la asamblea a convocar para el otoño del año anterior ha sido "diferida, por   causas que no acertamos a comprender", y se   pregunta: ¿ habrémos de contentarnos con dejar empezada la obra de nuestra regeneración agrícola..."? . Este comentario y su reflexión, del director de la Económica de Liébana, se recoge en la carta dirigida por de La Madrid a la *Revista Semanal de Agricultura*. Es un texto en el que reivindica *estímulo, protección* y *prosperidad* para la agricultura, " base fundamental del bienestar de las masas". Además de La Madrid exhorta al resto de vocales de la Junta General - *todos seamos corresponsales de todos* - a propagar directamente, unos a otros, las técnicas y conocimientos de la materia y, llegando aún más lejos, "*nombrar en la capital una diputación*", germen que permitiría "*formar y regularizar una asociación de Fomento de la Agricultura*" (248).

El contenido, en muchas de sus afirmaciones y propuestas, de esta carta de Matías de La Madrid - segundo mayor contribuyente de Potes en 1849 - (249), no puede por menos que causar estupor, por cuanto el propio autor, que es destacado miembro y representante de un importante clan de propietarios de la comarca, como también director la Económica de Liébana, poco o nada han hecho unos y otra - estando mucho en su mano - por elevar los conocimientos profesionales de los jornaleros y arrendatarios de su comarca; poco o nada por la mejora de la instrucción primaria para todos los niños y niñas lebaniegos; poco o nada por paliar las condiciones higiénico-sanitarias de su gente; poco o nada, en definitiva, más nada que poco, por el *bienestar de la masa lebaniega* cuya mayoría vive miserablemente no encontrando muchos de ellos más salida que la emigración temporal o definitiva. No menos asombroso resulta - a no ser que nos hallemos ante un *raro* con afán de *figurar*, que señala Azaña - que en su repetida carta pública, Matías de La Madrid, director de la Económica, anime a crear una *diputación* en Madrid - cuando ya la tiene la Económica de Liébana - y desee que surja una *asociación de fomento de la Agricultura* - que ya la tiene Liébana – pues, ¿ qué es una Económica, si no una institución ilustrada fundamentalmente orientada al fomento de la agricultura, la instrucción y los oficios útiles ?.

---

(246)Ward, con sus "Juntas de Comisarios de visita" perseguía el mismo fin formativo pero su planteamiento en lo orgánico no era exactamente el mismo, ver pág. 14.
(247)El nombramiento de Vicente Gómez de Enterría aparece en *LA ESPAÑA* del 6 de septiembre de 1849. No obstante, en la publicación *REVISTA SEMANAL DE AGRICULTURA* , nº 4, del 10 de febrero de 1851, se recoge que desde 1849 los vocales en la Junta General son Francisco Rodriguez Vega y Matias de La Madrid .
(248)*REVISTA SEMANAL DE AGRICULTURA*, nº 1, del 20 de enero de 1851
(249)Estrada Sánchez, M. (*La Lucha por...*). Ob. cit. p. 154

El Ministerio de Comercio, Instrucción y Obras Públicas, ya a finales de la década de los cuarenta anima y apoya la organización de exposiciones de industria, agricultura y ganadería, tanto en el ámbito comarcal, provincial, regional o nacional.

La Junta de Agricultura de Santander, dependiente del Ministerio, es una de las más activas en materia de ganadería, por lo que elabora y publica oficialmente un reglamento para las exposiciones públicas de toros y su distribución de premios. Para las exposiciones la provincia queda divida en tres territorios, o comarcas, integradas por partidos judiciales, correspondiendo al de Potes compartir la comarca con Cabuérniga, San Vicente de la Barquera, Torrelavega y Santander. Las exposiciones serán por partidos y comarcas. Los partidos las celebrarán el último domingo de abril, y la de las comarcas el segundo domingo de mayo (250).

En las exposiciones del año 1849, por el partido de Potes los premios otorgados a los mejores toros, por orden de importancia, corresponden a Vicente Fuente, vecino de Caloca, 400 rs.; Santos Mestas, vecino de Barago, 320 rs., y Santos Narezo, vecino de Tama 204 rs..(251).

Por fin, después de muchos años desde su primera solicitud, y de numerosos intentos infructuosos ante el gobernador civil de Santander, siendo en 1852 delegado de la cría caballar de la provincia de Santander, el Sr. Bustamante, ese año llega a Liébana una sección de caballos padres. Con esta visita para *simple monta* de yeguas, la Económica renueva su ánimo para reivindicar que se designe un lugar en la comarca como "dehesa potril" , y los gastos con cargo al Estado (252). Al año siguiente se produce una nueva visita de los sementales, pero ya con posterioridad, no consta, se produzca ninguna más como tampoco que se instituya en Liébana "dehesa potril" alguna (253).

En 1857, la Sociedad Económica de Liébana participa con un considerable numero y variedad de artículos y producciones, en la Exposición de Agricultura que, con carácter nacional, se celebra en Madrid en septiembre y octubre de ese año, y a la que envía como su representante a Ricardo de las Cuevas (254). En el espacio de Santander, representando a la provincia, se encontraban expositores que, en función del tipo de *objeto* o producto, se clasificaban en secciones, y dentro de éstas últimas, en clases. En la gran mayoría de secciones y clases expuso la Sociedad Económica de Liébana objetos o productos de su comarca, destacando, además de especies arbóreas, la manteca fresca, batida y cocida; quesos de aliva; vinos tinto y *tostadillo*, y veintidós muestras (de varias clases y en diversos estados), de corcho (255). La Económica de Liéba obtuvo en esta exposición uno de los premios otorgados en la clase de *Corchos y cortezas* (256).

En cuanto al resto exposiciones provinciales, tanto de Santander como del

(250)*BOLETIN OFICIAL DEL MINISTERIO DE COMERCIO, INSTRUCCIÓN Y OBRAS PUBLICAS* . Imprenta S. Compagni. Madrid, 1850. pp. 529-534 (Tomo IX)
(251)Ídem. Ob. cit. p. 535 (Tomo IX)
(252)*LA ESPAÑA* del 28 de mayo de 1852
(253)*LA EPOCA* del 22 de abril de 1853
(254)*BOLETIN OFICIAL DEL MINISTERIO DE FOMENTO*. Imprenta Nacional. Madrid, 1857. p. 530 (Tomo XXIII)
(255)*CATALOGO DE LOS PRODUCTOS PRESENTADOS EN LA EXPOSICION DE AGRICULTURA*, celebrada en Madrid el año 1857 (Tomado de la parte no oficial del Boletín de Fomento). Imprenta Nacional. Madrid, 1857. pp. 502-508
(256)*REVISTA LA AMERICA*, nº 18, del 8 de marzo de 185

resto de Castilla La Vieja, organizadas durante la segunda mitad de este siglo XIX, no aparece referencia alguna a la presencia de la Sociedad Económica de Liébana.

Acontecimientos de orden político - disensiones y fraccionamiento en el grupo moderado, mayoritario en Liébana - y de orden económico - malas cosechas en general, y los primeros efectos en la vid del oidium - marcan la década de los cincuenta en Liébana haciendo que muy probablemente, salvo excepciones como la exposición nacional de 1857, la actividad de la Económica fuera mínima, y mucho más por cuanto parece que el estado de ánimo y salud de su principal animador, Matías de La Madrid, no es bueno, y así lo refiere su sobrino Benigno de Linares – años más tarde director de la Económica - en un poema que dedica a aquel con motivo de su cumpleaños, y del que entresacamos (257) :

> ... Salve, sí, salve, mi querido tío,
> al patricio salud...
> ... En vano el hombre con la suerte lidia,
> que el mundo se halla de traidores lleno
> y al más probo le acecha la perfidia
> de un pecho vil y corazón de cieno,
> siempre roído por la negra envidia.
> ¡Que en la imagen de Dios haya veneno!
> ¡Mísera humanidad! ¡ Tú calumniado
> fuiste Matías, del honor dechado! ...

La "calumnia" a que puede referirse el poema parece guardar relación a las serias *denuncias,* en 1852, que señala Estrada Sánchez " [...] sobre supuestas irregularidades económicas en la construcción de la iglesia de Potes que Clemente Díez de Mogrovejo, José de Prellezo, José Pérez Roldán y Gregorio García de la Foz formularon contra Matias de Lamadrid" (258). La *famosa iglesia nueva* - como la llama Llorente - inició su construcción en 1804, para lo cual Vicente de Lamadrid, nacido en Potes y obispo de Málaga, envió " [...] veinticinco mil duros, mucha parte de los cuales se ha evaporado" (259).

Esas denuncias trajeron incluso el inicio de procesos judiciales, llegándose a instruir causa criminal de oficio, a principios de 1852, por el Juzgado de Potes contra Matías de La Madrid, " sobre atribuirle culpable de haber desaparecido un certificado o documento perteneciente a la iglesia parroquial de esta villa comprensibo de una sentencia del tribunal de la Rota acerca de los fondos destinados a su construcción" (260).

Sobre la *famosa* iglesia nueva unos meses más tarde *La España*, por medio de su corresponsal en Potes, informa, que "han vuelto a continuar las obras que se suspendieron por unos dias, en el anchuroso templo que ha de reemplazar a la ruinosa y antiquísima parroquia de esta villa, e insuficiente para su población por lo cual el benéfico Ilmo. La-Madrid empezó a construirle a principios de este siglo". Continua la crónica dando cuenta que las obras, ya avanzadas, se paralizaron con

---

(257)De Linares, B. : " A mi querido tío D. Matías de la Madriz y Manrique de la Vega, en el día de su cumpleaños". Junio,1859.
(258)Estrada Sánchez, M. (*La lucha...*). Ob. cit. p. 68
(259)Llorente Fernández, I. Ob. cit. p.74
(260)AHPC Legajo 2310. Folio 113 y ss.

la guerra de la Independencia, " habiendo desde entonces permanecido en talestado, por la pérdida, en gran parte, de los cuantiosos fondos que le designó dicho bienhechor", produciéndose en todo este tiempo, además, hurtos de los materiales que estaban a pié de obra, "en cantidad bastante para concluirla"; y termina el corresponsal : " El reciente donativo de dos indianos, de mil duros cada uno; el de diez mil reales de una piadosa y rica monja al profesar, y lo que aún existe de aquellos fondos, ha impulsado de nuevo la obra" (261). La iglesia una vez concluidas las obras se inauguró el 27 de septiembre de 1894.

Sin duda estos duros enfrentamientos políticos y personales que protagonizan socios de la Económica participando de uno u otro lado – por ejemplo, Gregorio García de la Foz, socio de primera hora - incrementa la ya débil institución, y ensombrece aún más su crédito en la comarca y fuera de ella. En esta década de los cincuenta ni tan siquiera se recogen en la *Guía de Forasteros en Madrid* variaciones en su junta directiva (262).

La década siguiente arranca con una nueva directiva, en la que se producen cambios en 1863, 1865 y 1870, último año éste que Matías La Madrid ocupa el cargo de Director. En cuanto a la Diputación permanente de la Económica en Madrid, conocemos que en 1865, vuelve a "restablecerse" con el nombramiento de nuevos cargos (263).

En cuanto a actividades y proyectos de la Económica en los años sesenta de ese siglo nada se puede aportar a pesar de lo investigado en hemerotecas y archivos públicos, salvo que un nuevo escándalo de orden económico vuelve a recaer sobre su director Matías de La Madrid.

En los primeros años de los sesenta, muy probablemente 1862, Matías de La Madrid, junto a su cuñado Mariano Osorio, como marido de la hermana de aquel, Josefa de La Madrid, presentan ante el Juzgado de Potes un interdicto para adquirir " la mitad de una finca denominada *La serna de San Vicente*, sita en el casco de la villa de Potes". Argumentaban los hermanos de La Madrid, que "nadie poseía la finca a título de dueño o usufrucuario", y que antaño por vía familiar se adquirió el dominio útil, a censo, del monasterio de Santo Toribio de Liébana, a quien en ese momento correspondía la finca. El juez de Potes concedió la posesión, lo que supuso un escándalo y que el ayuntamiento se opusiera alegando que " la Serna de San Vicente hacía más de cincuenta años estaba poseída por el común de vecinos, dedicándola a paseo público, bolera, era, ferias y mercado, según lo probaban los diversos actos de dominio que había ejercido, y los repetidos acuerdos tomados por el municipio ". El gobernador apoyó la oposición del ayuntamiento de Potes, y el asunto circuló por diversos Juzgados de la provincia, hasta llegar a la Audiencia de Burgos y, posteriormente, al Consejo de Estado, quien falla a favor de la Administración, esto es, del Ayuntamiento de Potes, considerando de antigüo el

---

(261)*LA ESPAÑA* del 12 de agosto de 1852
(262)*GUIA DE FORASTEROS EN MADRID*, ediciones anuales de 1850 a 1859
(263)Idem., ediciones de 1860 a 1870. Respecto al restablecimiento en noviembre de 1865 de la diputación en la corte, ver: *LA CORRESPONDENCIA DE ESPAÑA*, del 19 de noviembre de 1866

aprovechamiento comunal (264).

Matías de La Madrid fallece en 1870. La Económica, no es difícil de suponer atraviesa ya desde años atrás un considerable período de inactividad, y su prestigio se encuentra ciertamente dañado.

Esta es una etapa aciaga para la Económica y los individuos y clanes familiares que en sus días más abiertamente favorables a sus intereses personales fundaron la Económica de Liébana. El balance ya no les favorecía. Además con la revolución de 1868 en España se asentaban nuevas formas y planteamientos políticos y sociales que a muchos Amigos del País de Liébana sobrepasaban y que, sin duda, en cierto modo a no pocos lebaniegos de *casas fuertes* les hizo incluso volver la vista atrás, y sumarse a la más dura reacción de un carlismo que, ya en muchos sentidos insurrecto, llevó a un nuevo conflicto armado entre españoles en 1872 (265).

C) Inactividad y marasmo
(tercera etapa 1871-1899)

Sobre esta tercera etapa, la más extensa en el tiempo de la Económica en el siglo XIX, la documentación e información que ha sido posible obtener resulta escasísima, en razón - lo más probable - a que aun cuando la Sociedad, pudiera estar *viva* formalmente , no obstante, se mantiene completamente inactiva durante este largo período.

En 1872 aparece ya como nuevo director de la Económica, Benigno de Linares y La Madrid, y también como nuevo censor Lucrecio Josué, en sustitución de Benigno. El resto de cargos lo ocupan los mismos socios que ya los desempeñaban en la anterior Junta de Matías de La Madrid (266).

Benigno de Linares, juez de profesión, ocupa antes y durante su presidencia destinos fuera de Potes, que impiden una próxima y continua gestión de las actividades de la Económica, salvo que éste último extremo de la distancia no importara ya y la intención de los aún socios, y pocos posteriores, fuera sólo la de mera conservación – estática - de esa institución "tradicional". Seguramente que en esos años de 1872 a 1876 se producen algunas incorporaciones de socios, si bien

---

(264)*COLECCIÓN LEGISTATIVA DE ESPAÑA.* Decisiones y sentencias del Consejo de Estado, año 1868. Imprenta del Ministerio de Gracia y Justicia. Madrid, 1868. pp. 821-823. No conocemos la fecha exacta del interdicto de posesión, que muy probable date de 1862. En ese año, en mayo, Benigno de Linares, escribe, "carta jocosa al Promotor Fiscal del Juzgado de Potes Don M.F. de P.", en la que, "jocosamente" hace advertencias no apropiadas : "... ¿ No se me olvidó decirte / que me preparo a zurrarte ¿ / ¡ Y qué zurra, Virgen Santa ¡ / No verás tierra delante...". M.F. de P. (Marcelino Flores de Prado), al año siguiente tiene destino como Promotor Fiscal en el Juzgado de Pola de Lena, Asturias (Guía de Forasteros en Madrid, 1864)
(265)Desde 1870 es habitual encontrar en las suscripciones públicas abiertas por el periódico *LA ESPERANZA* , para aportaciones económicas en favor de carlistas en la cárcel, o heridos, etc., el nombre de bastantes residentes en Liébana. De hecho *LA ESPERANZA* del 2 de mayo de 1870, informa de los comunicados cruzados entre el Ayuntamiento, presidido por Juan de Linares, y Gerónimo García de la Foz e Ildefonso Llorente, presidente y secretario, respectivamente de la Asociación Católico-Monárquica del Distrito de Potes, sobre los actos de constitución de ésta última a celebrar el 18 de abril en Potes, y que planteaban su abierto apoyo al carlismo.
(266)ARSEM Legajo 538 Expdte. 4 (año 1.872). Oficio de la Económica de Liébana, de fecha 02-02-1872, comunicando el nombramiento de Luis Martínez del Campo, como vocal en la diputación de la Económica en Madrid. Se incluye también oficio de 08-10-1872, comunicando los integrantes de la Junta, y en la que ya aparece Benigno de Linares, como director.

de las quince nuevas altas, solo cuatro son residentes en Liébana (ver cuadro-25) (267).

De los quince socios, once son alta entre agosto y diciembre de 1876, y sí en 1870 la Gaceta de Madrid recoge que la de Liébana sólo reune 29 socios, muy probablemente el "empujón de socios" venga animado por la necesidad de alcanzar el número de cincuenta que requería la Ley electoral de senadores - en esos momentos en discusión – que fue aprobada en febrero de 1877, y que exigía a las Económicas 50 electores (socios) por cada compromisario elegido.

CUADRO – 25
SOCIEDAD ECONÓMICA DE AMIGOS DEL PAIS DE LIEBANA
RELACION DE SOCIOS CONOCIDOS INCORPORADOS EN EL PERIODO
AÑOS 1872 – 1876

Nombres y Apellidos	Fecha de ingreso	Localidad de residencia
Emilio Cosío Rivas	07-01-1872	Madrid
Torcuato Josué Fernández	21-01-1872	Santander
Joaquín Arenas Pérez	20-08-1872	-
Alfonso Gómez de Enterría	01-12-1872	Valladolid
Indalecio Martínez de Bedoya	20-08-1876	Potes
Jacinto Cáraves Gutiérrez	ídem	Turieno
Eduardo Josué Fernández	ídem	Madrid
Félix de las Cuevas	ídem	Méjico
Vicente Pérez de Celis	ídem	Santander
Marcelino de la Paz (S.J.)	ídem	Valladolid
Ignacio García Martín	ídem	-
Celestino Josué Fernández	15-10-1876	Potes
Clemente Cosío Rivas	ídem	Torrelavega
Juan Francisco López Sánchez	ídem	Torrelavega
Laureano de las Cuevas	03-12-1876	Tama

Fuente : Elaboración propia, partiendo de Sociedad Económica de Amigos del País de Liébana, (*Memoria de los trabajos de 1908 a 1909...*). Ob. cit. p. 20

Pero a pesar de esto, y dando por correcta, y bien documentada, la afirmación de José Luis Sánchez, " [...] se dieron irregularidades, como en el caso de Líebana, en 1879, con 29 socios y un compromisario"; o bien hubo una desbandada de socios de la Económica de Liébana, después de 1876, o se produjo antes de la presidencia de Benigno de Linares, siendo ésta última la posibilidad la más probable (268)

Con posterioridad al año 1872, aparece un oficio del año 1880 que la Económica de Liébana dirige a la Económica Matritense comunicándole el nombramiento de un nuevo secretario, Juan de Macías, sin que se precise si este nuevo secretario lo es de la junta directiva o de la diputación de la Económica en Madrid (269).

---

(267)Sociedad Económica de Amigos del País de Liébana. *Memoria de los trabajos y proyectos del año social 1908 al 1909.* Imprenta de "La Voz de Liébana". Potes, 1909.
(268)Sánchez, J. L. Ob. cit. p. 50. Ver también cuadros números 2 y 4, y pp. 28-29 de este trabajo.
(269)ARSEM. Legajo 589, expdte. 5 (año 1880

Por otro lado, el Colegio electoral para senadores por las Económicas, cuya cabeza es León, registra como última participación de Liébana el año 1886, para la designación de un senador.

Igual ausencia de la Económica se constata, en cuanto a participación en interés de su comarca, en un asunto de gran importancia como fue la Comisión nacional creada en 1887 por el gobierno para estudiar la crisis agrícola y pecuaria que padece el país. En el informe de la Comisión provincial de Santander, que recoge a su vez los informes remitidos por otras comisiones creadas en municipios y comarcarcas cántabras, no aparece aportación alguna de la Económica de Liébana (270).

Ildefonso Llorente, en su obra *Recuerdos de Liébana*, publicada en 1882, al referirse a la Económica, la da por activa, afirmando que él *es socio de número*, y refiriéndose a la escuela de segunda enseñanza fenecida en 1850, ruega a la Económica, "[...] gestionará, yo se lo ruego, para volverle [el *instituto*] a establecer en el mismo Potes". Pero, resulta llamativo que, en la misma obra, en su "catálogo biográfico-bibliográfico", al ocuparse de la figura de Benigno de Linares se refiera a su carrera judicial, a su faceta como dramaturgo, y no haga referencia a su presidencia, ya actual o pasada, de la Económica de Liébana (271).

Treinta años más tarde, en la obra *Líebana y los Picos de Europa*, de "La Voz de Liébana", al referirse a la Económica afirman que "tiene esta Sociedad una larga y brillante historia y también ha tenido sus períodos de calma y de actividad", concluyendo más adelante que, " [...] desde su muerte [Matias de La Madrid] llevó la sociedad una vida lánguida" (272).

Desde las páginas de *La Voz de Liébana*, periódico de la comarca fundado en 1904, se anima insistentemente para el *renacimiento* de la Económica de Liébana, que *desgraciadamente* " [...] atraviesa un largo período de inacción y de marasmo del que es preciso que salga y en ello ha de insistir y trabajar La Voz de Liébana" (273). Aunque cabepreguntarse si ese largo período de *inacción y marasmo* arranca en los años setenta del siglo XIX o desde un posible renacimiento que pudo fraguarse entre 1899 y 1900; pues conforme recoge la *Guía Oficial de España*, de 1900, se da como activa a la Sociedad, citando, sin designación de cargos, la siguiente directiva de la Económica, por el siguiente orden: Juan de Linares; Alfonso Gómez de Enterría; Angel Francisco Soblechero; Gregorio Muñiz; Indalecio Martínez Bedoya, y Francisco María de la Peña (274). Los nombre de estos directivos nos desvelan que son socios incorporados en 1872, y el resto incluso antes. *La Voz de Liébana*, en 1907, pide publicamente a los "pocos señores que aún son socios", poder "llegar a un acuerdo"; y parece que se alcanza, pues en octubre de ese mismo año tiene lugar la refundación de la Sociedad Económica de Amigos del País de Liébana (275).

---

(270)BCC. Signatura XIX 655(I/H) " La crisis agrícola y pecuaria" Actas de las sesiones. Ob. cit. pp. 381-386 (Tomo II). También ver pp. 66-67 de este trabajo.
(271)Llorente Fernández, I. Ob. cit. pp. 85-86 y p. 384
(272)"La Voz de Liébana". Ob. cit. pp. 54-55
(273)*LA VOZ DE LIEBANA* del 10 de junio de 1905
(274)*GUIA OFICIAL DE ESPAÑA*, edición año 1900. El que no se designen los cargos muy probablemente se debe a que los estatutos de la Económica no se ajustaban a las moficaciones legales exigidas desde hacía más de treinta años.
(275)*LA VOZ DE LIEBANA* del 10 de octubre de 1907

Fuentes Documentales

Archivo de la Real Sociedad Económica Matritense de Amigos del País (ARSEM)
Archivo de la Real Sociedad Económica de Amigos del País de Gran Canaria (ARSEAAPGC)
Archivo de la Real Sociedad Económica de Valencia (ARSEAPV)
Archivo Histórico Nacional (AHN)
Archivo General Militar de Segovia (AGMS)
Archivo Histórico Provincial de Cantabria (AHPC)
Archivo Municipal de Potes (AMP)
Archivo de la Universidad de Valladolid (AU.UVA)
Archivo Histórico de la Universidad de Oviedo (AHUO)
Instituto Nacional de Estadística. Sección historia anuarios y censos (INE)

Fuentes Impresas

Publicaciones no periódicas

La Crisis Agrícola y Pecuaria.1887. Madrid, 1888
Catálogo de los Productos en la Exposición de Agricultura de 1857. Ministerio de Fomento. Madrid, 1857
Anuario Estadítico de España. Madrid, 1859

Publicaciones periódicas

ABC
Boletín Oficial del Ministerio de Comercio, Instrucción y Obras Públicas
Boletín Oficial del Ministerio de Fomento
Colección Legislativa de España. Ministerio de Gracia y Justicia
Diario de Madrid
Diario Constitucional de Palma
El Amigo del País
El Español
El Liberal
Fr. Gerundio
Gaceta de los Caminos de Hierro
Gaceta de Madrid
Guía de Forasteros en Madrid
Guía Oficial de España
Eco del Comercio
La Correspondencia de España
La Epoca
La Esperanza
La España
La Iberia
La Vanguardia
La Voz de Liébana
Revista de la Cámara de Comercio, industria y Navegación de Cantabria
Revista Nuestro Tiempo
Revista Semanal de Agricultura

Fuentes Bibliográficas

AEDO, C. ; DIEGO, C. , GARCIA CODRON, J.C. *El bosque en Cantabria.*
Edit. Universidad de Cantabria. Santander, 1990

AGUILAR PIÑAL, F. *Bibliografia de Estudios sobre Carlos III y su época.* Edit. C.S.I.C. Madrid,1988

ALFEREZ, G. *Historia del carlismo.* Edit. Fundación Hernando de Larramendi y Editorial Actas, S. L.
Madrid, 1995

ALONSO, L. E. *Prácticas económicas y economía de las prácticas.* Edit. Los libros de la catarata.
Madrid, 2009

ÁLVAREZ-VALDÉS Y VALDES, M. *La Extranjería en la historia del derecho español.* Universidad de
Oviedo. Asturias, 1992

ANES, G. *El Antigüo Régimen: Los Borbones.* Historia de España Alfaguara Tomo IV. Alianza
Editorial. Madrid, 1979.

        El siglo de las luces. En Historia de España, Miguel Artola (Dir.). Alianza Editorial.
Madrid. 1996.

        Economía e Ilustración en la España del Siglo XVIII. Ariel. Barcelona, 1969.

ANTON VALLE, N. *El minero español. Descripción de los puntos de la península donde existen
criaderos de todas las clases de metales.* Edit. Librería de Sojo. Madrid, 1841.

ARCE BODEGA,J. *Memoria sobre la visita general de las escuelas comprendidas en los partidos de
Reinosa, Potes, San Vicente de la Barquera, Torrelavega y Cabuérniga, presentada a M.Y. Comisión
Superior de Instrucción Primaria de Santander. 1º de mayo de 1844.* Imprenta y librería Martínez.
Santander, 1849

ARCE VILLEGAS,B. *Apuntes acerca de los criaderos de calamina y blenda situados en los Picos de
Europa, y de la explotación que de los mismos hace la sociedad minera La Providencia.* Imprenta J.
M. Lapuente. Madrid, 1879.

ARIJA RIVARÉS, E. *Geografía de España* (5 Tomos). Espasa Calpe. Madrid, 1983.

ARTOLA,M. *La Burguesía revolucionaria (1808 – 1874).* Alianza Editorial. Madrid,1980.

        Partidos y Programas Políticos, 1808-1936 (2 Tomos). Alianza Editorial.
Madrid, 1991.

AA.VV. *El poder de la influencia. Geografía del caciquismo en España* (1875-1923), en José Varela
Ortega (dir.). C.E.C.P. / Marcial Pons Ediciones de la historia. Madrid, 2001.

AA.VV. *Sociología de la Familia,* en Michael Anderson (selecc.). Fondo de Cultura Económica.
México, D. F. 1980

AA.VV. *La España de la Restauración. Política, economía, legislación y cultura.* J. L. García Delgado
(comp.). Ediciones siglo XXI. Madrid, 1990

AA.VV. *Las máscaras de la libertad. El liberalismo español, 1808-1950.* Manuel Suárez Cortina (ed.).
Marcial Pons / Fundación Práxedes Mateo Sagasta. Madrid, 2003

AA.VV. *La Restauración, entre el liberalismo y la democracia.* Manuel Suárez Cortina (ed.). Alianza
Editorial. Madrid, 1997

AA.VV. *Historia de Castilla. De Atapuerca a Fuensaldaña*. Juan José García González (Dir.). Esfera de los libros. Madrid, 2008

AA.VV. *Liébana, la tierra como era: historia, sociología, tradiciones y religiosidad*. Jose Ramón Saíz (Dir.) Quinzanos D.L. Torrelavega, 1985

AZAÑA, M. " Caciquismo y Democracia". Obras Completas (4 Tomos). Ediciones Giner. Madrid, 1990.

> " Memorias políticas y de guerra", en *(Obras completas...)*. Ob. Cit. p. 405
> -entrada del día 20 de junio de 1932- (tomo IV).

BALLESTEROS CABALLERO, F. *La Sociedad Económica de Amigos del País de Burgos (Avance histórico)*. Imprenta Aldecoa. Burgos, 1983.

BARBER, B. *Estratificación social*. Fondo de Cultura Económica. Madrid, 1974

BARÓ PAZOS, J. *Derecho y Administración en Liébana. Época moderna*. Cuaderno didáctico editado con motivo de la Exposición, " La vida cotidiana en una aldea lebaniega siglos XVIII y XIX ". Diputación Regional de Cantabria / Universidad de Cantabria. Santander, 1991.

> "Conflictividad y representación en el Concejo de Potes en la época moderna", en *I Encuentro de Historia de Cantabria en 1996*. Edit. Universidad de Cantabria /Gobierno de Cantabria. Santander, 1999.

BARRON GARCIA, J.I. *La Economía de Cantabria en la etapa de la Restauración (1875-1908)*. Edit. Concejalía de Cultura del Ayuntamiento de Santander / Librería Estudio. Santander, 1992

BOLADO RODRIGO, A. "Las instituciones administrativas en el siglo XVIII", en *Cantabria en los Siglos XVIII y XIX. Sociedad, Cultura y Política*. M. A. Sánchez Gómez (coord.) . Ediciones Tantin.Santander, 1986.

BORREGO, A. *De la organización de los partidos en España, considerada como medio de adelantar la educación constitucional de la nación y realizar las condiciones del gobierno representativo*. Anselmo Santo Coloma, Editor. Madrid, 1855

BOSCH, A. *El centenario: apuntes para la historia de la Sociedad Económica Matritense*. Imprenta M. Tello. Madrid,1875

BOUZA, J. "Las Sociedades Económicas de Amigos del País en el Siglo XIX. Una Revisión Necesaria", en Revista Bibliográfica de Geografía y Ciencias Sociales. Universidad de Barcelona. Vol.XIV, nº 829, 30 de Junio de 2009

CABALLERO, F. *Fomento de la Población Rural*. Imprenta Nacional. Madrid, 1864.

> *Reseña geográfico-estadística de España*. Imprenta Rivadeneyra. Madrid,1868

CARANDE, R. "El despotismo ilustrado de los Amigos de País", en *Siete Estudios de Historia de España* . Ariel. Barcelona, 1969

CARR, R. *España 1808-1975*. Edit. Ariel. Barcelona, 1983.

CASADO SOTO, J. L. *La provincia de Cantabria. Notas sobre su constitución y Ordenanzas (1727-1833)*. Centro de Estudios Montañeses Santander, 1979.

CASTELLANO CASTELLANO, J. L. *Luces y Reformismo. Las Sociedades Económicas de Amigos del País del Reino de Granada en el siglo XVIII*. Edit. Diputación Provincial de Granada / Universidad de Granada. Granada, 1984.

CASTRO, C. (DE). *Campomanes. Estado y reformismo*. Alianza editorial. Madrid, 1996

CHEYNE GEORGE, J.G. *Ensayos sobre Joaquín Costa y su época*. Edición e introducción de Alberto Gil Novales. Edit. Fundación Joaquín Costa. Huesca, 1992.

CILLAN OTERO,L.F. "Las Sociedades Económicas de Amigos del País de Palencia en el siglo XVIII". En *Actas I Congreso de Historia de Palencia. Tomo III. Edad Moderna y Edad Contemporánea*. Diputación Provincial de Palencia. Palencia,1987.

CORBERA MILLAN, M. " Campesinos y montes en Cantabria: competencia y conflictos por los aprovechamientos entre los siglos XVII y XIX (1650-1850), en, *Las relaciones entre las comunidades agrícolas y el monte*. (coloquio hispano-francés de geografía rural). Joaquín S. García Marchante, Joaquín Saúl y Carmén Vázquez Varela (coords). Edit. Universidad de Castilla-La Mancha. Cuenca, 2003.

COSTA, J. *Oligarquía y Caciquismo. Colectivismo Agrario y otros escritos*. Alianza Editorial. Madrid, 1979.

DE LA FUENTE MONGE, G. *Los Revolucionarios de 1.868. Elites y poder en la España liberal*. Marcial Pons. Madrid , 2000.

DE LA FUENTE ROYANO, Mª. T. y MARTINEZ MARTINEZ, S. *De la viña a la bodega. Doce siglos de viñedo en Liébana*. Edit. Sociedad Económica de Amigos del País de Líebana. Santander, 2002

DE LA MADRID y MANRIQUE DE LA VEGA, M. *Memoria sobre los grandes montes y demás riqueza de Liébana*. Imprenta Timoteo Arnaiz. Burgos, 1836.

DE LAMADRID Y MANRIQUE DE LA VEGA, M. *Diario de un oficial en la guerra de la independencia 1813-1814*. Edit. Región Editorial. Palencia, 2009.

DE DEMERSON, P. *Próspera y adversa fortuna de la Real Sociedad Catábrica (1775-1804)*. Consejería de Cultura, Educación y Bienestar Social. Diputación Regional de Cantabria. Santander, 1986.

DE DEMERSON, P., DEMERSON, J. y AGUILAR PIÑAL, F. *Las Sociedades Económicas de Amigos del País en el Siglo XVIII. Guía del Investigador*. Edit. Patronato J. M. Quadrado. San Sebastián, 1974.

DIAZ, E. *La Filosofía social del Krausismo español*. Editorial Debate. Madrid, 1989.

DOMINGUEZ MARTIN, R. *El Campesino Adaptativo. Campesinos y mercado en el norte de España, 1.750-1.880* . Edit. Universidad de Cantabria. Santander, 1996.

> "La propiedad de la tierra: la explotación agrícola", en *Cantabria en los Siglos XVIII y XIX. Demografía y Economía*. M. A. Sánchez Gómez (coord.). Ediciones Tantin. Santander, 1987.

DOMINGUEZ ORTIZ, A. *El Antigüo régimen: Los Reyes Católicos y los Austrias*. Historia de España Alfaguara Tomo III. Alianza Editorial. Madrid 1980

España : tres milenios de historia. Edit. Marcial Pons Ediciones de Historia. (ed. bolsillo), Madrid, 2007.
Carlos III y la España de la Ilustración. Alianza Editorial (ed. Bolsillo) Madrid, 2005

ELLIOT , J. H. *El Conde-Duque de Olivares: el político en una época de decadencia.* Editorial Crítica. Barcelona, 1990.

La rebelión de los catalanes: un estudio sobre la decadencia de España (1598-1640). Siglo XXI España Editores, Madrid, 1998.

ENCISO RECIO, L. M. "Las Sociedades Económicas Castellano-Leonesas. Apunte Institucional y Sociológico". En *Actas I Congreso de Historia de Palencia. Tomo III.Edad Moderna y Edad Contemporánea.* Edit. Diputación Provincial de Palencia. Palencia, 1987.

ESPADAS BURGOS, M. y DE URQUIJO GOITIA, J. R. *Guerra de la Independencia y Época Constitucional (1.808-1.898),* en Historia de España, Angel Montenegro Duque (coord.). Tomo 11. Editorial Gredos. Madrid, 1990

ESTEBAN, J. (DE). *Las constituciones de España.* Edit. Altea, Taurus, Alafuara. Madrid, 1988

ESTRADA SANCHEZ, M. *Provincias y Diputaciones: La Construcción de la Cantabria Contemporánea (1799-1833).* Universidad de Cantabria. Santander, 2006

La lucha por el poder: Derecho de sufragio y fraude electoral (Liébana 1834-1868). Parlamento de Cantabria / Ayuntamiento de Camaleño. Santander, 1.999.

" ¿Cambio o continuidad?. Los grupos políticos en la Liébana del siglo XIX (1834-1874)", en, *La Liébana. Una apróximación histórica.* M. Estrada Sánchez y M.A. Sánchez Gómez (eds.). Edit. I.E.S. "Jesús de Monasterio" de Potes. Torrelavega, 1996.

"La apertura del desfiladero de la Hermida", en Revista de la Cámara de Comercio, Industria y Navegación de Cantabria. Nº. 42. Enero, 1996.

FEIJÓO, B. J. Teatro *Crítico Universal.* (3 Tomos). Selección, prólogo y notas de Agustín Millares Carlo. Clásicos Castellanos. Espasa Calpe. 1975, Madrid

Cartas Eruditas. Selección, prólogo y notas de Agustín Millares Carlo. Clásicos Castellanos. Espasa Calpe. Madrid, 1969.

FERNÁNDEZ ALMAGRO, M. *Historia Política de la España Contemporánea.* (3 Tomos) Alianza editorial. Madrid, 1972

FERNANDEZ BENITEZ, V. " La Constitución de la provincia de Santander", en *Cantabria en los Siglos XVIII y XIX. Sociedad, Cultura y Política.* M. A. Sánchez Gómez (coord.) . Ediciones Tantin. Santander, 1986.

" La consecución de un modelo liberal. El reinado de Isabel II. 1833-1868" en, *Cantabria en los Siglos XVIII y XIX. Sociedad, Cultura y Política.* M. A. Sánchez Gómez (coord.) . Ediciones Tantin. Santander, 1986.

FERNÁNDEZ FERNÁNDEZ, J. L. *Antropología y teoría de la sociedad.* Universidad Pontificia de Comillas en Madrid. Madrid, 1991

FERNÁNDEZ VALLEJO, J. M. *Combinacion de la naturaleza, industria y políticas para hacer feliz a la Cantabria. Discursos. Dirigido a la Junta Pública de Individuos de la Real Sociedad Cantábrica residentes en Madrid.* Imprenta de la viuda e hijo de Marín. Madrid, 1797

FONTANA I LÁZARO, J. *La crisis del antiguo régimen 1808-1833.* Ed.Crítica. Barcelona, 1979.

FOX, R. *Sistemas de parentesco y matrimonio.* Alianza editorial. Madrid, 1985

GARCIA DEL ROSARIO, C. *La Real Sociedad Económica de Amigos del País de las Palmas de Gran Canaria.* Edit. Mancomunidad de Cabildos. Las Palmas de G.C., 1982

GARCÍA ESCUDERO, J. Mª. *Historia Política de las dos Españas.* (4 tomos). Editora Nacional. Madrid,1976.

GARCIA-LOMAS GARCIA-LOMAS, G.A. *Estudio del dialecto popular montañés. Fonética, etimologías y glosario de voces.* Nueva editorial. San Sebastián, 1922

GARRABOU, R. " La crisis agraria española de finales del siglo XIX: una etapa del desarrollo capitalista ", en, *Historia agraria de la España contemporánea 2. (1850-1900),* Ramón Garrabou y Jesús Sanz (eds.). Editorial Crítica. Barcelona, 1985.

GARRIDO MARTÍN, A. *Cantabria 1902-1923: Elecciones y Partidos Políticos.* Universidad de Cantabria / Asamblea Regional de Cantabria. Santander, 1990.

        Favor e Indiferencia : caciquismo y vida política en Cantabria. Edit. Universidad de Cantabria/Asamblea Regional de Cantabria. Santander, 1988.

GIL NOVALES, A. *Las Sociedades Patrióticas (1820-1823). Las libertades de expresión y de reunión en el origen de los partidos políticos.* Editorial Tecnos. Madrid, 1975

GINER, S. *Historia del pensamiento social.* Edit. Ariel. Barcelona, 1982.

GÓMEZ CHAIX, P. *Orientaciones de las Económicas en lo futuro.* Imprenta El Popular, Málaga, 1925.

        Las Sociedad Económicas de Amigos del País y su reorganización. Imprenta Zambrana. Madrid, 1935

GÓMEZ URDÁNEZ, J. L. *Fernando VI.* Arlanza ediciones. Madrid, 2001

GONZÁLEZ ECHEGARAY, C. *Los emblemas de las Sociedades Económicas de Amigos del País.* Edit. Real Sociedad Bascongada de los Amigos del País. Delegación en corte. Madrid, 1999.

GONZÁLEZ FERNÁNDEZ, M.: *Sociología y Ruralidades (La construcción social del desarrollo rural en el Valle de Liébana).* Edit. Ministerio de Agricultura, Pesca y Alimentación. Madrid, 2002.

GONZÁLEZ MARTÍNEZ, R. Mª. *La Real Sociedad Económica de Amigos del País de León.* Edit. Caja de Ahorros y M. de Piedad de León. León, 1981.

GUTIÉRREZ GUTIÉRREZ, C. *Enseñanza de primeras letras y latinidad en Cantabria (1700-1860).* Edit. Universidad de Cantabria. Santander, 2001.

GUTIÉRREZ SEBADES, J. A. *El Metal de las cumbres. Historia de una sociedad minera en los Picos de Europa (1856-1940).* Edit. Consejería de Medio Ambiente de Cantabria / Centro de Investigación del Medio Ambiente . Santander, 2007.

GUTIÉRREZ SEBADES, J. A. y HOYO APARICIO, A. *Testigo de una época : el Banco de Santander en la economía de Cantabria 1857-1945*. Edit. Amalienborg. Santander, 2006.

HERRÁNZ LONCAN, A. "La dotación de infraestructuras en España 1844-1935", en *Estudios de Historia Económica*, nº 54. Edit. Servicio de Estudios del Banco de España. Madrid, 2004.

HOYO APARICIO, A. *Todo mudó de repente. El horizonte económico de la burguesía mercantil en Santander, 1820-1874*. Edit. Universidad de Cantabria / Asamblea Regional de Cantabria. Santander, 1993.

IZQUIERDO DE BARTOLOMÉ, R. "El Real Consulado del Mar de Santander y las Comunicaciones Terrestres en Cantabria", en *Mercado y desarrollo económico en la España contemporánea*. Tomás Martinez Vara (editor). Siglo XXI Editores / Junta del Puerto de Santader. Santander, 1986

JOVELLANOS, G. M. *Memoria del Castillo de Bellver – Discursos y Cartas*. En Clásicos Castellanos. Edición, introducción y notas de Ángel del Rio. Espasa-Calpe.Madrid,1969

> *Informe de la Sociedad Económica de Madrid al Real y Supremo Consejo de Castilla en el expediente de Ley Agraria.* Edita Real Sociedad Económica Matritense de Amigos del País. Imprenta I. Sancha. Madrid, 1820.

JOVER ZAMORA, J. Mª. *Realidad y mito de la Primera República*. Espasa Calpe. Madrid, 1991

LABRA CADRANA, R. Mª. (DE). " Las Sociedades Económicas de Amigos del País", en *Revista Nuestro Tiempo*, nº. 48, Madrid. Diciembre, 1904.

> *Las Sociedades Económicas de Amigos del País: indicaciones Históricas.* Imprenta A. Alonso.Madrid,1904 .

> *Las Sociedades Económicas de Amigos del País: su razón histórica, sus medios y su misión actuales.* Imprenta A. Alonso. Madrid, 1906

LACOMBA, J. A. *La I República. El transfondo de una revolución fallida*. Guadiana de Publicaciones. Madrid, 1973

LAFUENTE, M. *Historia General de España* . Tipografia de Mellado. Madrid, 1856.

LANZA GARCÍA, R. *Población y familia campesina en el Antiguo Régimen. Líebana, siglos XVI-XIX.* Edit. Universidad de Cantabria / Librería Estudio. Santander, 1988.

> "La Población", en *Cantabria en los siglos XVIII y XIX. Demografía y Economía.* M.A. Sánchez Gómez (coord.).Ediciones Tantin. Santander, 1987.

LA VOZ DE LIÉBANA. *Liébana y los Picos de Europa*. Tipografía "La Atalaya". Santander, 1913 (edición fascímil Editorial Maxtor. Valladolid, 2001).

LYNCH, J. *La España del Siglo XVIII*. Editorial Crítica. Barcelona, 1999

HERNÁNDEZ SANDOICA, E. "Rafaél María de Labra y Cadrana, 1841-1919: una biografía política". Edit. Departº. de Historia de América "Fernández de Oviedo". C.S.I.C. Madrid, 1994

LESEN Y MORENO, J. *Historia de la Sociedad Económica de Amigos del País de Madrid.* Imprenta del Colegio de Sordo-mudos y ciegos. Madrid, 1863.

LÓPEZ LINAGE, J. *Antropología de la ferocidad cotidiana: supervivencia y trabajo en una comunidad cántabra.* Edit. Servicio de publicaciones agrarias. Ministerio de Agricultura. Madrid, 1978.

LÓPEZ MARTÍNEZ , A. *La Sociedad Económica de Amigos del País de Málaga.* Diputación Provincial de Málaga. Málaga, 1987

LÓPEZ-MORILLAS, J. *El krausismo español.* Fondo de Cultura Económica. Madrid, 1980

LLOMBART ROSA,V. "Absolutismo e Ilustración: La génesis de las Sociedades Económicas de Amigos del País". Edit. Real Sociedad Económica de Amigos del País de Valencia.Valencia, 1979

LLORENTE FERNÁNDEZ, I. *Recuerdos de Liébana.* Imprenta M. Tello. Madrid, 1882 (edición fascímil Editorial Maxtor.Valladolid, 2008).

 LLUCH, E. y ARGEMI, LL. *Agronomía y fisiocracia en España (1750-1820).* Edit. Institución Alfonso El Magnánimo.Valencia, 1985.

MACANAZ, M. R. y MALDONADO MACANAZ, J. *Melchor Macanaz : Testamento político. Pedimento Fiscal.* Edit. Instituto de Estudios Políticos. Madrid, 1972.

MADOZ, P. *Diccionario Geográfico-Estadístico-Histórico de España y sus posesiones de Ultramar.* Madrid, 1849. (Tomo XIII).

MANTECÓN MOVELLÁN, T. A. *Conflictividad y disciplinamiento social en la Cantabria rural del Antiguo Régimen.* Edit. Universidad de Cantabria / Fundación Marcelino Botín. Santander, 1997.

MARÍAS, J. *España inteligible. Razón histórica de las Españas.* Alianza Editorial. Madrid, 1987.

La España posible en tiempos de Carlos III. Edit. Junta de Castilla y León.Valladolid, 2006

MARTÍN GAITE, C. *El proceso de Macanaz. Historia de un empapelamiento.* Espasa Calpe. Madrid, 1999

MARTÍN MARTÍN, V. "Análisis económico y economía aplicada en el pensamiento económico español de los siglos XVIII y XIX: A propósito del regeneracionismo", en, AA.VV. Estudios de Historia y de pensamiento económico. Homenaje al profesor Francisco Bustelo García del Real. Editora Complutense. Madrid, 2003.

MARTÍNEZ CUADRADO, M. *La Burguesía Conservadora (1874-1931).* Alianza Editorial. Madrid, 1980

MARTÍNEZ DÍEZ, G. *El Condado de Castilla (711-1038). La Historia frente a la Leyenda.* (2 volumenes). Edit. Junta de Castilla y León / Marcial Pons Ediciones de Historia. Valladolid, 2004

MARTÍNEZ MAROTO, S. *La crisis agrícola y pecuaria en España y sus verdaderos remedios.* Imprenta José Manuel de la Cuesta. Valladolid, 1896

MOURE ROMANILLO, A. *Cantabria: historia e instituciones.* Universidad de Cantabria. Santander, 2002

MAURA y GAMAZO, G.: *Vida y reinado de Carlos II.* Espasa Calpe. Madrid, 1954.

MENÉNDEZ PELAYO, M. *Historia de los Heterodoxos españoles.* Librería Católica de San José. Imprenta F. Maroto e Hijos. Madrid, 1881 (Tomo III)

MERINO PACHECO, J. " El Sexenio Democrático (1868-1874), en *Cantabria en los Siglos XVIII y XIX. Sociedad, Cultura y Política.* M. A. Sánchez Gómez (coord.). Ediciones Tantin. Santander, 1986.

MISLEY, E. *Deuda española y medios de extinguirla.* Imprenta Antonio Bergnes y Compañía. Barcelona, 1841

MONTESINO GONZÁLEZ, A. "La Comunidad imaginada. Etnicidad, sociedad tradicional y actual invención de la tradición en Cantabria", en *Estudios sobre la sociedad tradicional cántabra. Continuos Cambios y Procesos Adaptativos.* Antonio Montesino González (ed.). Universidad de Cantabria / Asamblea Regional de Cantabria. Santander, 1995

MOZAS MESA, M. *Don José de Carvajal y Lancaster, ministro de Fernando VI (apuntes de su vida y labor política).* Tipografia del Hospicio de Hombres. Madrid, 1924.

NADAL, J. *El fracaso de la Revolución industrial en España, 1814-1913.* Editorial Ariel. Barcelona, 1986.

La población española (Siglos XVI a XX). Editorial Ariel. Barcelona,1986.

NEWBY, H. "Propiedad de la tierra y estructura social", en, *Introducción a la sociología rural.* Howard Newby y Eduardo Sevilla-Guzmán. Alianza Editorial. Madrid, 1983.

NOVOA, E. *Las Sociedades Económicas de Amigos del País. Su influencia en la emancipación americana.* Prensa Española. Madrid, 1955

PÉREZ DÍAZ, V. *Estructura social del campo y éxodo rural. Estudio de un pueblo de Castilla.* Tecnos. Madrid, 1972.

PÉREZ DELGADO, R. *1898. El Año del Desastre.* Ediciones Giner. Madrid, 1976

PÉREZ DEL MOLINO, R. *Desengaño de Engañados.* Edit. s.n. Santander, 1871

PÉREZ MOREDA, V. "La modernización demográfica, 1800-1930. Sus limitaciones y cronología", en, *La Modernización económica de España 1830-1930.* Nicolás Sánchez-Albornoz (Comp.) Alianza Editorial. Madrid, 1985.

PRELLEZO GARCÍA, J. M. Utopía de un indiano lebaniego. La obra pía benéfico docente de Espinama. Edit. Consejería de Cultura, Turismo y Deportes / Instituto de Estudios Cántabros. Santander, 2004

"Una institución educativa en Liébana. La obra pía de Espinama", en separata de *Orientamienti Pieda Gogici.* Roma, 1983

PULIDO BUENO, I. *José Patiño: El inicio del gobierno político-económico ilustrado en España.* Edit.s.n. 1998.

REAL SOCIEDAD ECONÓMICA CANTABRICA DE AMIGOS DEL PAIS . *Estatutos de la Real Sociedad Económica Cantábrica de Amigos del País aprobados en 1797.* Imprenta viuda de Ibarra. Madrid, 1798

Estatutos de la Real Sociedad Económica Cantábrica de la Ciudad de Santander. Imprenta Mendoza. Santander, 1836

Extracto de Actas de las Juntas de la Real Sociedad Económica Cantábrica de Amigos del Pais desde el 19 de agosto de 1798 hasta el 27 de diciembre de 1799. Imprenta viuda e hijo de Marín. Madrid, 1890

Memoria año 1889. Imprenta de F. M. Martínez. Santander, 1890.

Estatutos de 1908 y Reglamento. Imprenta de la propaganda católica. Santander, 1908

REQUES VELASCO, P. E. *Población y territorio en Cantabria.* Universidad de Cantabria. Santander, 1997

RIVAS RIVAS, A. Mª. *Antropología social de Cantabria*. Universidad de Cantabria / Asamblea Regional de Cantabria. Santander, 1991

"Representaciones colectivas y maneras de ser cántabro", en, *Antropología de los pueblos del norte*. Carmelo Lisón Tolosana (Coord.-edit.). Universidad Complutense de Madrid / Universidad de Cantabria. Santander, 1991.

RODRIGUEZ CAMPOMANES, P. *Discurso sobre el Fomento de la Industria Popular*. Imprenta Antonio de Sancha. Madrid, 1774.

Discurso sobre la Educación Popular de los Artesanos y su Fomento. Imprenta Antonio de Sancha. Madrid, 1775.

ROLL, E. *Historia de Las Doctrinas Económicas*. Fondo de Cultura Económica. México, D.F. 1984

RUIZ GÓMEZ, F. *Fábricas textiles en la industrialización de Cantabria*. Edit. Universidad de Cantabria. Santander, 1998.

RUIZ GUTIERREZ, M. "Economía Rural y colectivismo agrario", en *Cantabria en los siglos XVIII y XIX. Demografía y Economía*. M.A. Sánchez Gómez (Coord.). Ediciones Tantin. Santander, 1987

RUIZ TORRES, P. *Reformismo e Ilustración,* en Historia de España, (Volumen 5). Josep Fontana y Ramón Villares (Dir.). Ed. Crítica / Marcial Pons. Barcelona, 2008.

SAAVEDRA, L. *El pensamiento sociológico español*. Taurus. Madrid, 1991

SÁNCHEZ ALBORNOZ, C. *Los orígenes de la la nación española. Estudios críticos sobre la historia del reino de Asturias.* (3 volumenes). Instituto de Estudios Asturianos. Oviedo, 1972.

SÁNCHEZ, J. L. *La Sociedad Económica de Amigos del País de Palencia. Las elites entre el crédito y el descrédito. (SS. XVIII-XX)*. Edit. Excma. Diputación Provincial de Palencia. Palencia, 1993.

SÁNCHEZ GÓMEZ, M.A. *Sociedad y política en Cantabria durante el reinado de Fernando VII. Revolución liberal y reacción absolutista*. Ediciones Tantin. Santander, 1989

La desamortización en Cantabria durante el siglo XIX (1800 – 1889). Edit. Ayuntamiento de Torrelavega. Santander, 1994

"Pervivencias feudales en Cantabria.El caso del señorío en la crisis del antiguo régimen", en *Estudios sobre la sociedad tradicional cántabra. Continuos Cambios y Procesos Adaptativos*. Antonio Montesino González (ed.). Universidad de Cantabria / Asamblea Regional de Cantabria. Santander, 1995

" La guerra de la Independencia en Cantabria" en *Cantabria en los Siglos XVIII y XIX. Sociedad, Cultura y Política*. M. A. Sánchez Gómez (coord.) . Ediciones Tantin. Santander, 1986.

SÁNCHEZ JIMÉNEZ, J. *La España Contemporánea* (3 Tomos). Ediciones Istmo. Madrid, 1991.

SÁNCHEZ SALAZAR, F. *Extensión de cultivos en España en el siglo XVIII*. Siglo XXI de España Editores. Madrid, 1988.

SÁNCHEZ-BLANCO, F. *El Absolutismo y las Luces en el reinado de Carlos III*. Marcial Pons Ed. Historia. Madrid, 2002.

SANZ FERNÁNDEZ, J. "La historia contemporánea de los montes publicos españoles, 1812-1930. Notas y refexiones (I)", en, *Historia agraria de la España contemporánea 2*. Ramón Garrabou y Jesús Sanz (eds.). Edit. Crítica. Barcelona, 1985

SALOMON, R. *Guía de Santander.* Imprenta Ignacio González. Santander, 1861. (2ª edición)

SARRAILH, J. *La España ilustrada de la segunda mitad del siglo XVIII.* Fondo de Cultura Económica. México, D. F. 1992

SEBASTIÁN LÓPEZ, J. L. *Cánovas y la Reforma del Senado. Las Primeras Cortes (15-Febrero-1876 – 5 de Febrero de 1877).* Edit. Entinema. Madrid, 2007.

SECO FONTECHA, P. *Ensayo sobre las aguas minerales de la Hermida.* Imprenta José Ríos. Valencia, 1849.

SEMPERE Y GUARINOS, J. *Ensayo de una Biblioteca española de los mejores escritores del reynado de Carlos III.* (Tomo VI) . Imprenta Real. Madrid, 1789.

SENADOR, J. *Castilla en escombros: las leyes, las tierras y el hambre.* Diputación de Palencia / Ambito ediciones. Salamanca, 1993.

SERRANO GARCIA, R. *Castilla La Vieja y León (1808-1936).* Junta de Castilla y León. Consejería de cultura y turismo. Valladolid, 2008

SOCIEDAD ECONOMICA DE AMIGOS DEL PAIS DE LIÉBANA. *Estatutos de la Sociedad Económica de Amigos del País de Liébana.* Imprenta de la Compañía Tipográfica. Madrid, 1840.

Memoria de los trabajos y proyectos de la Sociedad Económica de Amigos del País de Liébana en su año social de 1840 a 41, leída en su Junta General de 20 de junio, e impresa por acuerdo de la misma. Imprenta de D. E. Aguado. Madrid, 1841.

Memoria de los trabajos y proyectos de la Sociedad Económica de Amigos del País de Liébana en su año social 1908 al 1909. Imprenta de "La Voz de Liébana". Potes, 1909

Memoria de sus trabajos y proyector en el año social de 1909 a 1910. Imprenta La Moderna. Santander, 1910

SOCIEDAD PATRIÓTICA DE SANTANDER. *Estatutos de la Sociedad Patriótica de Santander.* Imprenta Clemente Mª. Riesgo. Santander, 1820.

SUÁREZ CORTINA, M. *Casonas, hidalgos y linajes. La invención de la tradición cántabra.* Universidad de Cantabria/Editorial límite Santander 1994.

"José María de Pereda. Tradición, regionalismo y crítica de la modernidad", en *Estudios sobre la sociedad tradicional cántabra. Continuidades, Cambios y Procesos Adaptativos.* Antonio Montesino Gonzalez (ed.). Universidad de Cantabria / Asamblea Regional de Cantabria. Santander, 1995

SULLEROT, E. *Historia y Sociología del Trabajo Femenino.* Península. Barcelona, 1970

TOMÁS y VALIENTE,F. *La España de Felipe IV: el gobierno de la monarquía, la crisis de 1640 y el fracaso de la hegemonía europea.* Historia de España (Tomo 25). Espasa Calpe. Madrid, 1982.

El Marco Político de la Desamortización en España. Ariel. Barcelona, 1983

TORRES DEL MORAL, A. *Constitucionalismo histórico español.* Átomo ediciones. Madrid, 1991

URZAINKI, I. y RUIZ DE LA PEÑA, A: *Periodismo e Ilustración en Manuel Rubín de Celis.* Centro de Estudios del siglo XVIII / Consejería de Educación y Cultura del Principado de Asturias. Oviedo, 1983.

VALLADARES, R. *La Rebelión de Portugal: guerra, conflicto y poderes en la monarquía hispánica 1640-1688.* Junta de Castilla y León / Consejería de Educación y Cultura. Valladolid, 1998.

VILLACORTA BAÑOS, F. *Burguesía y cultura. Los intelectuales españoles en la sociedad liberal 1808-1931.* Siglo XXI Editores. Madrid, 1980

VILLANUEVA LÁZARO, J. Mª. *La Cantabria Leonesa. La Líebana, Cervera de Pisuerga, Riaño.* Ediciones Lancia. León, 1990.

VOLTES BOU, P. *Felipe V: fundador de la España contemporánea.* Espasa Calpe. Madrid, 1991.

WAIS SAN MARTÍN, F. "Recuerdo a Bernardo Ward y a sus Caminos", en Revista de Obras Públicas, nº 2.981, Madrid. Septiembre 1963

WARD, B. *Obra Pía, y eficaz modo para remediar la miseria de la gente pobre de España.* Imprenta Antonio Marín. Madrid, 1767

        Proyecto Económico, en que se proponen varias providencias dirigidas a promover los intereses de España con los medios y fondos necesarios para su planificación. Imprenta Joaquín Ibarra. Madrid, 1779.

WEBER, M. *Economía y Sociedad. Esbozo de sociología comprensiva.* Fondo de Cultura Económica. México, D.F., 1984

Indice de cuadros